KB272853

마음을
사로잡는
경청의
힘

마음을 사로잡는

경청의 힘

래리 바커 · 키티 왓슨 지음 ㅡ 윤정숙 옮김

이아소

포춘 500대 기업이 선택한
최고의 설득 지침서!

성공하는 사람과 그렇지 못한 사람의 대화 습관에는 뚜렷한 차이가 있다. 그 차이점이 무엇인지 단 하나만 꼽으라고 한다면, 나는 주저 없이 '경청하는 습관'을 들 것이다. 우리는 지금껏 말하기, 읽기, 쓰기에만 골몰해왔다. 하지만 정작 우리의 감성을 지배하는 것은 '귀'다. 이 책은 경청이 현대 사회에서 얼마나 중요한 능력인지, 그리고 우리가 어떻게 경청의 힘을 획득할 수 있는지를 보여준다.

스티븐 코비, 《성공하는 사람의 7가지 습관》《성공하는 사람의 8번째 습관》의 저자

내가 만일 경청의 습관을 갖지 못했다면, 나는 그 누구도 설득하지 못했을 것이다.

피터 드러커

20세기가 말하는 자의 시대였다면, 21세기는 경청하는 리더의 시대가 될 것이다. 경청의 힘은 신비롭기까지 하다. 말하지 않아도, 아니 말하는 것보다 더 매혹적으로 사람의 마음을 사로잡기 때문이다.

톰 피터스, 《초우량기업의 조건》《미래를 경영하라》의 저자

선마이크로시스템에서 주는 월급의 40퍼센트는 경청의 대가이다.

스콧 맥닐리, 선마이크로시스템의 창업자이자 CEO

협상, 그리고 프로젝트 매니저들이 결코 빠뜨리지 말아야 할 필독서!

클라이브 해먼트, 화이자 제약 특허 및 개발담당 이사

대화와 협상에 대한 낡은 편견을 통쾌하게 깨버린 책. 커뮤니케이션을 지배하는 진정한 힘은 입이 아니라 귀에서 나온다. 이제 리더라면 누구나 자신의 책상 앞에 이런 문구를 붙여야 할 것이다. "경청하라!"

조엘 막스, 코비전 미디어 부회장

잃어버린 '경청의 힘'을 깨워라

1970년대 후반에 경청에 관한 연구 조사와 집필 활동을 시작한 이후, 우리는 광범위하게 사용되는 듣기 능력 평가 도구를 개발했고 많은 논문과 글 그리고 책을 썼다. 우리 두 사람은 뉴올리언스의 투레인 대학(키티)과 앨라배마의 오번 대학(래리)에 나가면서 경영 컨설팅 회사를 창립했으며, 국제듣기협회(International Listening Association) 의장을 역임했다. 또한 NBC의 〈투데이 쇼〉와 ABC의 〈20/20〉에 듣기 전문가로 출연하기도 했다.

독자들은 이미 짐작했겠지만, 우리는 모든 사람들이 위대한 '경청의 힘'을 지녔다고 확신한다. 다만 그것을 어떻게 발휘할지 모를 뿐이다. 우리의 열정에 독자들이 함께 공감할 수 있다면 이 책은 독자들의 인격적인 성숙과 삶의 노하우를 갖추는 데 크게 도움이 되리라고 본다.

이 책에서 제시한 원칙과 팁들은 오랜 연구 조사와 이론을 토대로 쓰인 것이며, 미국의 포춘 500대 기업과 수많은 소기업들, 비영리 단체들에서 실험과 검증을 거쳤다. 또한 모든 사례들은 그들의 프라이버시를 위해 이름과 신상 정보를 약간 수정했을 뿐, 실제 인물들이 겪었던 실제 상황이다 (도움을 아끼지 않은 친구들과 가족들, 고객들, 학생들에게 깊은 감사를 드린다).

경청의 힘을 얻는 과정은 사실 단순하다. 하지만 모든 세상일이 그렇듯이, 단순하다고 해서 쉽게 여길 수는 없는 법이다. 차근차근, 잘 듣는 습관이 몸에 밸 때 일어날 긍정적인 변화에 눈과 귀를 모은 채, 한 걸음씩 나아가자. 쉽고 올바른 원칙은 힘들지만 꾸준한 노력이 뒤따를 때 효과를 발휘하는 법이니까.

| 차례 |

1

최강의 설득은 경청에서 시작된다

경청, 사람을 설득하는 가장 단순한 방법

경청은 피터 드러커, 스티븐 코비, 톰 피터스 등 비즈니스 세계를 선도하는 우리 시대의 구루들이 공통되게 강조하는 핵심 중 하나이다. 래리 킹이나 오프라 윈프리 같은 언어의 마술사들 역시 첫 번째로 꼽는 것이 경청이다.

경청은 비즈니스 종사자나 성공을 열망하는 일반인들이 가장 놓치기 쉬운 '핵심역량'이기도 하다. 성공한 사람일수록 경청을 핵심역량, 혹은 치열한 경쟁에서 살아남기 위한 필수적인 무기로 생각하는 반면 그렇지 않은 사람일수록 '매너'나 '도덕적 규범' 정도로 받아들이는 경향이 강하다.

당신의 생각은 어떠한가? 먼저 부동산 중개인 배너의 이야기를 살펴보도록 하자.

1991년 미국 전역이 걸프전으로 뒤숭숭하던 어느 날, 시골에서 막 올라온 젭과 린다는 집을 구하는 문제 때문에 신경이 곤두서 있었다. 그들은 벌써 2주째 샌프란시스코 인근 주택가를 뒤지느라 몸과 마음이 지칠 대로 지친 상태였다. 그날도 두 사람은 단단히 각오를 하고 호텔 문을 나선 터였다. 부동산 중개인 배너는 아침 일찍 젭과 린다 부부를 데리고 집을 보러 돌아다녔다. 배너는 그들이 만난 네 번째 중개인이었다.

"세상에, 어쩜 이렇게 맘에 쏙 드는 집을 찾으셨어요?"

젭과 린다는 배너가 처음 안내해준 집을 보자마자 감탄하며 외쳤다.

그들은 오늘 하루도 공칠 거라는 생각에 막 머리가 아파오던 참이었다.

"욕조랑 넓은 주차장 얘기는 꺼낸 적도 없어요. 개한테 필요한 담장 딸린 뜰은 저희도 미처 생각하지 못했고요. 아니, 어떻게 아이들 학교 다니기에도 딱 알맞은 거리를 찾아내셨죠? 정말 놀랍네요!"

배너는 조용히 웃기만 할 뿐 아무 말이 없었다. 사실 그녀의 수첩에는 며칠 전에 두 사람이 했던 얘기가 빼곡히 적혀 있었다. 그녀는 가격 조건이나 평수뿐만 아니라, 취미나 다양한 관심사도 지나치지 않고 기록해두었던 것이다. 심지어 두 사람의 얼굴 표정이나 고갯짓, 찡그림, 자세까지 주의 깊게 적어두었다.

지금 배너는 샌프란시스코 인근에서 내로라하는 부동산 중개인이 됐다. 그녀는 우리를 처음 만났을 때 이렇게 얘기했다.

"제가 이 자리에 오를 수 있었던 이유요? 딱 하나입니다. 바로 고객의 말을 경청하는 자세였죠."

사실 배너는 타고난 '달변가'였다. 1980년에 부동산 중개 일을 시작했던 것도 바로 이런 '달변'에 대한 자신감, 설득에 대한 자신감 때문이었다. 실제로 그녀는 잘해냈다. 하지만 이상하게도 일의 성과는 10여 년 넘게 제자리를 맴돌았다. 그녀가 상대했던 고객들 가운데 그녀를 다시 찾아온 고객들은 거의 없었다. 다른 고객을 소개해준 고객들의 비율도 처참한 수준이었다.

"경력과 경험이 쌓이는데도 어째서 실적은 더 늘지 않는지 이해할 수 없었어요. 제가 경쟁자로 생각했던 동료들은 이미 성공가도를 달리고 있었거든요."

그녀의 인생을 바꾼 것은 한 선배의 조언이었다.

"배너, 넌 수수료와 실적에 대한 집착 때문에 고객들의 말을 귓등으로 흘리고 있어!"

사실이었다. 그녀의 초점은 오로지 실적과 수수료, 두 가지뿐이었다. 그날 이후, 배너는 고객들에게 조심스럽게 질문을 던질 뿐 먼저 말을 하는 것을 자제하기 시작했다.

"그전까지는 듣는 것을 수동적이거나 패배자의 자세라고 생각했어요. 하지만 듣는 것, 경청하는 것은 결코 그렇지 않다는 걸 깨달았죠. 경청은 매혹의 기술이에요. 진심으로 고객의 마음을 사로잡으니까요."

배너의 노력은 젭과 린다 부부를 만나 결실을 맺었고, 그 일을 계기로 경청의 원칙을 무조건 실천하기 시작했다. 동료와 상사들은 모두들 어리둥절해했다. 말이라면 도대체 질 줄 몰랐던 그녀가 너무 파격적으로 변신했기 때문이다.

"고객들은 자신의 얘기를 하고 싶어했어요. 나는 늘 질문을 했고, 충분히 듣고 난 뒤에야 조용하고 간결하게 대답했죠. 그러자 수수료밖에 모르는 중개인이라는 나쁜 평판이 점점 사라지기 시작했어요. 좋은 입소문이 퍼지자 저에겐 더욱더 경청의 기회가 많아졌습니다."

경청에 대한 그녀의 '예찬'은 그칠 줄 몰랐다.

"내가 한 일이라곤 고작 고객이 원하는 집과 건물을 찾아준 것뿐이에요. 그런데 고객들은 나를 찾아와 이야기합니다. 기쁘거나 슬프거나, 분노하거나, 뭔가를 배웠거나, 새로운 정보를 얻었거나 나와 친구가 되고, 그렇게 해서 나를 믿게 된 고객들은 또다시 찾아오게 마련이지요. 나는 고개를 끄덕이고, 미소를 짓고, 때론 안타까워하고, 때론 박장대소할 뿐입니다. 나는 경청을 통해 인터넷이나 신문에선 결코 얻지 못하는 풍부한 정보를 얻습니다. 또한 고객들은 별로 뛰어나지도 않은 나를 탁월한 업적을 이룬 성공자들의 네트워크 속으로 안내해주기도 했지요."

도요타와 GM, IBM의 운명은
이렇게 갈렸다

인적 네트워크는 현대 사회에서 성공하기 위한 필수적인 요소이다. '인맥이 경쟁력'이란 말은 현대인의 상식으로 통한다. 그런데 인적 네트워크와 관련하여 대부분의 사람들이 간과하는 사실이 있다. 성공한 사람, 성숙한 사람, 정말 많이 아는 사람일수록 아무에게나 쉽게 말을 하지 않는다는 점이다.

성공한 사람, 성숙한 사람, 정말 많이 아는 사람들은 '준비'되지 않은 사람에겐 절대로 입을 여는 법이 없다. 그들은 자신의 지식과 정보를 소중한 자산으로 여기기에 타인에게 함부로 취급받기를 원치 않는다. 때문에 말 한마디 한마디에 무게를 둔다(사실 보통사람들도 정말 중요한 얘기, 진실한 얘기는 아무에게나 하지 않는다).

진정으로 중요한 말, 사람과 비즈니스의 운명을 좌우하는 정보는 아무나 들을 수 없다. 경청하는 사람만이 대접받는다. 성공한 사람일수록 이런 원칙을 철저히 지킨다. 심지어 '대가'라고 불리는 피터 드러커마저도 이런 원칙에서 예외는 아니다.

"컨설턴트인 나는 고객에 대해 무지합니다. 그들이 뭘 원하는지, 무엇 때문에 막혀 있는지 모릅니다. 그걸 모르고서는 아무런 조언도 해줄 수 없습니다. 고객의 말을 경청하고 나서야 나는 무지에서 벗어나, 내가 '해야 할 말'이 무엇인지를 깨닫게 됩니다."

우리는 피터 드러커의 말에 감춰진 진실에 주목해야 한다. 현대 사회에서 사람들의 속내, 진실을 들을 권리는 아무에게나 주어지지 않는다! 경청하는 자들만이 정말 중요한 이야기를 들을 수 있다. 아마도 미국의 선도적 기업 가운데 하나인 선마이크로시스템 역시 그 사실을 알고 있는지도 모른다. 그들은 경영진과 상급자들의 월급 중 40퍼센트가 경청의 대가라고 말한다.

실제로 우리는 다양한 컨설팅 경험을 통해 한 기업이 경청의 힘을 배우는 순간 얼마나 심오한 변화를 체험하는지를 여러 차례 목격할 수 있었다. 반대로 경청의 힘을 무시할 때, 얼마나 빠르게 실패의 길로 들어서는지도 지켜볼 수 있었다.

요즘은 안 되는 기업들도 한때는 잘나가던 시절이 있었다. 바로 미국의 기업이 그렇다. 그런데 그런 기업과 상담을 하다 보면 반드시 발견하게 되는 공통점이 있다. 고객의 말을 듣지 못하고, 직원의 말을 듣지 못하고, 주주들의 말을 듣지 못하는 증세가 그것이다. 지나친 자만심이나 아집 때문인지는 몰라도 어느 시점부터 그런 증세가 두드러졌다고 관계자들은 털어놓는다.

잘되는 기업들은 그 반대다. 그들의 귀는 고객과 직원과 주주들을 향해 열려 있고 그들의 말에 민감하게 반응한다. 진실을 알 수 없다는 것, '들을 기회'를 박탈당하는 것이 얼마나 무서운 결과를 초래하는지 알기 때문이다.

1960년대와 1970년대, 미국의 기업들은 높아만 가는 소비자들의 불만에 전혀 귀를 기울이지 않았다. 공산권을 제외한 자유진영에서 미국 기업은 최고라는 자만심 때문이다.

경청은 자동차 업계의 절대강자였던 GM과 도요타의 운명을 갈랐다. 세계 1위의 자동차 업체요 미국의 상징이었던 GM은 고객, 직원, 주주들의 말을 경청하지 않았다. 도요타는 정반대로 행동했다. GM이 생산직원들을 졸개나 하인처럼 부릴 때 도요타는 그들로부터 더 싸고 품질 좋은 차를 만드는 방법을 들었다. GM보다 월급과 복리후생이 못하지만 도요타 직원들이 자율적으로 '입을 연' 이유는 무엇일까? 바로 도요타의 경영진들이 현장으로 내려가 고개를 숙이고 경청했기 때문이다. 반대로 GM의 경영자들은 막대한 복리 후생비를 지급하는 길을 택했다. "돈 줄 테니 닥치고 일이나 하라!"고 말이다.

미국을 대표하는 기업 IBM도 성장과 몰락, 부활의 과정에서 경청의 힘을 온몸으로 체험한 대표적인 기업이기도 하다. 1980년대 초반, PC혁명이 시작될 때 IBM은 조직의 밑에서 올라오는 고객들의 엄청난 불만과 불평에 조금도 귀를 기울이지 않았다.

죽어가던 거대 공룡 IBM을 새롭게 부활시킨 루 거스너는 정반대로 행동했다. 그의 리더십은 '경청'에서 비롯된 것이었다. 거스너는 IBM의 노련한 기술자들과 베테랑 실무자들이 나비스코에서 과자나 팔던 그를 절대로 인정하지 않을 것임을 알고 있었다. 때문에 그는 중역과 기술자들에게 겸손하게 질문을 던졌다.

"당신들은 자랑스러운 빅 블루(IBM의 애칭)를 회생시킬 방안을 알고 있습니다. 저에게 그 방안을 들려주십시오."

제조업이 아닌 서비스 업체로의 변신, 조직의 경량화, 수십 년 된 기업 비전의 재정립 등 우리가 루 거스너의 공적으로 알고 있는 대부분의 것들은 타인의 '입'에서 나온 것이었다. 거스너는 다만 그것을 경청했고, 발언한 사람들이 책임지고 추진하도록 권한을 위임하고 독려했다.

수많은 미국인들은 루 거스너와 같은 리더가 되고 싶어한다. 그들은 직급이 올라가서 더 많은 사람들을 통솔할수록 더 마음껏 말할 수 있을 것으로 기대하기 때문이다. 하지만 우리는 직급이 올라갈수록 더 많은 말을 들어야 한다. 성공은 혀가 아니라 귀에 달려 있기 때문이다. 신이 아닌 한, 세상과 조직을 움직이는 것은 리더 '혼자'가 아니다.

애플 컴퓨터의 흥망과 부활 역시 경청의 힘을 보여주는 아주 흥미로운 사례다. 애플의 상징인 매킨토시의 탄생은 기술 마니아의 자기 과시 욕구에서 비롯됐지만, 그들은 고객 욕구에 민감하게 반응했기 때문에 성공할 수 있었다. 하지만 IBM 호환기종이 시장에 출시된 이후, 애플 경영진은 무슨 이유에선지 고객의 반응에 귀를 닫기 시작했다. 애플이 다시금 귀를 연 것은 거의 10년이 지난 뒤 스티브 잡스가 최고경영자로 복귀한 시점이다. 아이맥의 측면에 보이는 커다란 동그라미는 마치 고객의 소리를 담는 마이크를 연상시킨다.

애플 컴퓨터는 스티브 잡스라는 걸출한 인물의 귀를 통해 고객들이 진정으로 애플에 원하는 것이 무엇인지를 깨달았다. 애플의 고객들이 원하는 것은 '독특한 가치'임을 잡스는 느끼고 있었다. 그는 애플에서 쫓겨났던 야인 시절에도 언제나 애플을 사랑하는 고객들의 커뮤니티에 귀를 활짝 열어두었다.

'저 사람과 대화하고 싶어'라고
느끼게 하는 힘

이슬람의 오래된 우화 한 토막을 들어보자. "한 열성 신자가 오랜 열망 끝에 신을 만났다. 그는 곧바로 자신이 얼마나 간절하게 기도했는지 줄줄이 늘어놓았다. 그러자 신은 말했다. 먼저 내 말을 경청하라. 기도할 필요조차 없어질 것이니."

만약 신이 존재한다면, 저마다 늘어놓는 사람들의 호소에 귀가 멀었을지도 모른다. 그리고 사람들의 꽉 막힌 귀에 답답해할지도 모른다. 사람들은 경청하지 않는다. 사람들은 말을 해야 한다는 강박관념 때문에 경청에는 별다른 관심을 기울이지 않는다. 평소 듣는 일에 익숙하지 못하다 보니 꼭 경청해야 하는 중요한 순간에는 엄청난 '힘'이 들게 된다.

현대 사회에서 경청은 피곤한 일이 되어버렸다. 들어야 할 것들이 너무나 많은 데다, 메시지들이 굉장히 공격적이기 때문이다. 그래서 꼭 필요하다는 것을 아는 사람들조차 경청을 회피하는 일이 비일비재하다. 이는 마치 소음으로 시끄러운 작업장에서 일하다 보면 귀가 마비되는 것과 비슷하다.

경청이 사라지면서 현대 사회의 대화는 극히 비생산적으로 변질돼 버렸다. 속도와 효율을 맹목적으로 추구하는 우리들의 대화는 무수한 오해와 불신을 낳고 있다. 생산적인 대화의 기본은 '신뢰'이다. 수많은 사람들이 간단한 대화나 의사소통에 어려움을 겪으면서도 이 '평범한' 진리에 눈길을 돌리지 않는다.

서로 신뢰하는 사람들 사이에서는 온갖 농담, 잠언, 심지어 욕설이 왔다 갔다 해도 의미 전달과 감정 교류가 완벽하게 이뤄진다. 대화의 쌍방이 충분히 신뢰할 때 대화가 얼마나 잘 이뤄지는지는, 경험해본 사람만이 느낄 수 있는 기쁨이다.

하지만 만나야 할 무수한 사람들과 일일이 이런 친교를 쌓을 정도로 시간과 정력이 넘치는 사람은 없다. 결국 우리는 대화에서 입을 열기 전에 귀를 열어 신뢰를 쌓을 수밖에 없다.

경청은 대화의 과정에서 신뢰를 쌓을 수 있는 최고의 방법이다. 경청할 때 상대방은 자신의 감정이 인정받았다는 안도감을 갖게 되고, 혹시 있을지도 모르는 위협감이나 위화감을 해소해준다. 사람에게는 누구나 생존 본능이 있다. 이 본능이 위협받을 경우 어떤 상호작용도 적대적일 수밖에 없으며, 상대방에게 어떤 형태로든 저항하게 된다. 경청은 이 날카로운 본능을 조용히 누그러뜨리며 상대방이 편안히 말할 수 있도록 해준다.

경청이란 결코 남의 말만 들어주는 바보 같은 짓이 아니다. 경청을 통해 당신은 상대방에게 당신의 말과 메시지, 감정을 아주 쉽고 효과적으로 전달할 '통로'를 확보하게 된다. 당신이 경청하는 만큼 상대방은 당신을 신뢰하게 되기 때문이다. 자기 말을 들어주는 사람을 싫어하는 이는 세상에 없다.

도대체 어떻게 해야 경청에 필요한 에너지를 '충전' 할 수 있을까? 현대인들이 상대방의 말을 가장 잘 경청하는 때를 꼽으라면 아마 연인과 데이트를 막 시작할 무렵일 것이다. 정말이지 이 무렵엔 누구라도 상대방의 말에 귀를 기울여준다(안 그랬다간 퇴짜를 맞을지도 모르니까). 상대방의 모든 것이 궁금한 연인은 서로를 향해 귀를 활짝 열어둔다. 참으로 사랑의 힘은 연인을 이처럼 변화시킨다. 하지만 시간이 지날수록 세심했던 귀는 무디어져 가고 급기야 결혼을 앞둘 때쯤이면, 상대방을 잡은 물고기로 취급해버린다. 더 이상 가슴 설레는 발견 따위는 없다. 상대방이 입을 열고 뭔가 말하지만 그저 껌뻑이는 물고기 입처럼 무시하고 만다.

앨버커키에 사는 패이는 이혼한 후 오히려 행복한 시간을 보내고 있다. 문구 회사의 간부로 일하는 그녀는 하루가 멀다 하고 파티나 워크숍에 초대된다. 참석자들은 그녀와 몇 마디라도 나눠보고 싶어한다. 패이는 누구에게나 먼저 웃고, 먼저 인사하고, 신기하리만치 상대방의 말을 잘 들어준다. 내내 미소 지으며 듣던 그녀가 질문 한마디를 하면 상대방의 얼굴에도 미소가 번진다. "패이 씨와 얘길 하면, 뭔가 통하는 것 같아요." 그녀와 만난 사람들은 늘 자신이 특별하고 중요한 존재라는 느낌을 받는다.

불행하게도 그녀는 자기 남편에게만은 그런 느낌을 주지 못했다. 패이의 남편은 늘 말이 많았고, 그녀는 참을성 있게 그의 말을 들어주었다. 하지만 두 사람은 결코 대화를 나누지 못했다. 패이의 남편은 단 한마디도 들어주지 않았기 때문이다. 결국 패이는 '불행한' 결혼 생활에 마침표를 찍어야 했다.

대부분의 결혼 카운슬러와 신경정신과 의사들은 패이의 경우처럼 허물어진 관계를 돌이킬 최고의 처방으로 '경청'을 권유한다. 그리고 관계를 오래 유지하는 최고의 처방 역시 '경청'이다. 듣지 않는데 들으라는 처방을 제시하다니, 이건 뭔가 좀 이상하지 않은가? 하지만 그렇지 않다!

욜랜드와 글렌은 마치 신혼부부처럼 보인다. 두 사람은 손을 꼭 잡고 서로 미소 지으며 센트럴 파크를 걷는다. 욜랜드가 아이들 장난감을 고를 때면 글렌이 꼼꼼하게 살펴봐 주고, 욜랜드는 글렌의 양복 소품을 손수 골라주곤 한다. 집 안에서도 두 사람은 서로의 말을 너무도 진지하게 들어준다. 이런 두 사람의 모습을 보면, 그들이 1년 전에 이혼 소송을 벌였다는 사실을 믿기 어렵다. 결혼 13년째에 말이다.

1년 전 카운슬러가 두 사람에게 들려준 조언은 단 한마디, 상대방의 말을 들어보라는 것이었다. 두 사람은 속는 셈치고 한 달 동안 서로의 말에 무조건 귀를 기울이는 연습을 했다. 한 달 후 두 사람의 변화는 엄청난 것이었다. 그들은 13년 동안 서로에게 갈망해왔던 것이 무엇인지를 알게 되었다. 그 후 두 사람은 신혼의 기분으로 돌아갔다. 언제나 서로에게 귀를 기울이던 행복한 그 시절로 말이다.

"처음엔 무척 어색하고 때론 짜증이 나기도 했지요. 하지만 억지로라도 들어주다 보니 재미있는 변화가 생기더군요. 우선 서로에게 말을 할 때 훨씬 더 정성을 들이게 됐어요. 들어주는 사람을 존중하게 됐다고나 할까요. 그러다 보니 호기심도 조금씩 생기더군요. 둘 다 대화에 재미가 들린 것이지요. 때론 깜짝깜짝 놀랄 때도 있습니다. 한번은 아내 욜랜드가 직장 문제에 대해 조언을 했는데, 어찌나 날카롭던지 감탄이 절로 나오더군요."

욜랜드와 글렌 부부의 경험은 참으로 모범적인 사례라고 할 수 있다. 그들은 무조건 들어보라는 카운슬러의 충고를 충실히 따랐다. 그들은 경청을 통해 호기심, 공감, 그리고 서로에 대한 감탄과 경이로움을 되찾아갔다. 두 사람의 '귀'는 서로의 가슴과 입과 두뇌를 마법처럼 조정하는 역할을 했던 것이다.

경청은 어려운 기술을 필요로 하지 않는다. 초능력이나 마법의 수정구슬도 필요 없다. 무조건 들어라. 그리고 상대방에 대해 호기심을 가져라. 조금만 잘 들어줘도 파트너의 기분이 달라지고 나의 기분도 달라진다. 사람은 누구나 자신의 말에 귀 기울여주는 사람과 함께하고 싶어한다.

당신도 그런 사람이 되고 싶지 않은가?

대화의 주도권은 경청하는 자의 것이다

대부분의 미국인들은 경청을 '도덕' 혹은 '예의범절'로 받아들인다. 도덕이나 예의범절을 깍듯이 지키는 사람은 별로 없다. 다시 말해 대부분의 미국인들은 경청하지 않는다. 그들 가운데 '경청'에 대해 좀 아는 사람들은 교사, 심리학자, 카운슬러 등 특수 직업 종사자들에게 필요한 기술이라는 응답을 하기도 한다. 요컨대 미국인들에게 경청은 '나와는 거리가 먼 남의 일'이다.

서부 해안에서 시스템 칩 설계 업체를 운영하고 있는 데이비드 켈리는 경청할 줄 모르는 사람들의 모습이 안타깝기 짝이 없다.

"겪어보지 않은 사람은 경청이 얼마나 중대한 요소인지를 깨닫지 못합니다."

그의 사무실 책상에는 '사무라이의 침묵'이라는 문구가 적힌 작은 액자가 놓여 있다. 그는 1990년대 중반에 일본의 비즈니스 업체와 기술 표준의 합의를 위한 중요한 협상을 벌이고 있었다.

데이비드의 회사와 일본 회사는 합작회사를 설립하여 단일한 칩으로 미국과 일본 및 아시아 시장을 동시에 공략하기로 했다. 다만 칩 설계 방식을 놓고 두 회사 사이에 상당한 이견이 있었다. 어느 쪽 입장이 관철되느냐에 따라 두 회사에 돌아갈 수입의 규모가 달라지는 상황이라 양측은 팽팽히 맞설 수밖에 없었다.

"나는 반드시 승리하겠다는 의지에 불타서, 협상 테이블에 나온 두 명의 일본인을 설득했습니다."

일본 측 협상 대표인 나카지마와 야마모토는 아무 말도 하지 않고 묵묵히 앉아 있기만 했다. 야마모토라는 키 작은 기술자는 가끔씩 양미간에 주름을 잡기도 했다. 그들의 침묵이 무엇을 의미하는지 알 수 없었다. 하지만 데이비드는 일본인들이 아무런 반박도 하지 못할 만큼 모든 면에서 완벽하게 몰아붙였다고 판단을 내렸다.

그런데 그의 얘기가 끝나자마자, 나카지마라는 젊은이가 버럭 화를 내며 물었다.

"데이비드 씨, 당신은 지금 무슨 얘기를 하는지 알고나 있습니까?"

나카지마는 데이비드가 했던 말을 조목조목 정리해주었다. 때론 미묘한 뉘앙스를 담은 토씨 하나 빠트리지 않았다. 그의 정리에 따르면 데이비드는, 어느 때는 자사의 방식이 기존의 생산설비를 활용하기 때문에 설계가 쉽고 비용이 덜 든다고 얘기했지만, 어느 순간에는 칩 기술의 완전한 세대교체가 용이하다고 주장하기도 했다. 데이비드는 입을 열 수 없었다. 모두

가 자신이 했던 말이기 때문이다. 그제야 야마모토가 입을 열었다.

"데이비드 씨, 당신네 회사가 내놓은 방식은 과도기적인 것입니다. 기술 변화가 빠른 IT산업에서 두 마리 토끼를 한꺼번에 잡는다는 것은 언제나 실패로 끝나는 법이지요. 어차피 칩 생산설비를 교체할 거라면 지금 당장 교체해서 경쟁자를 압도하는 것이 더 유리하지 않을까요? 낡은 설비의 재활용에 집착했다가는 경쟁자에게 추격할 시간만 벌어줄 것 같군요."

결국 협상은 일본 측의 완승으로 끝났고, 데이비드는 자신의 경력에 씻을 수 없는 오점을 남긴 채 해고되고 말았다.

이처럼 뼈아픈 경험을 한 뒤 데이비드는 협상이나 논쟁의 현장에서 묵묵히 듣고만 있는 상대방을 가장 두려워해야 한다고 말한다.

대부분의 사람들은 '침묵―말하지 않는 것'에 대한 두려움을 갖고 있다. '듣는다' 혹은 '경청한다'는 것은 '말하지 않는 것'을 뜻한다고 여기기 십상이다. 이런 인식은 부분적으로는 우리 세대가 성장했던 환경과도 연관이 있다. 우리들 대부분은 '웅변'과 '달변'이 대접받는 환경에서 성장했다. 거대한 이상과 이데올로기가 만연했고, 지시와 복종이 세상을 움직였다.

물론 지금도 역사책과 대중매체는 실체가 쉽게 드러나지 않는 '경청'보다는 멋지고 강렬한 달변을 부각한다. 그리고 무엇보다 우리 사회에서 입으로 말한다는 것은 곧 부와 권력의 상징이다. 위로 올라갈수록 '발언권'이 강해진다. 명령할 수 있고, 훈계할 수 있고 마음껏 비판할 수 있으니 이보다 더 기쁜 일이 어디 있으랴? 그러다 보니 말할 기회의 상실은 곧 성공 기회의 상실로 이어지는 것처럼 보인다.

이런 환경에서 자라온 사람들에게 '초보 협상가' 데이비드의 체험은 어찌 보면 낯설기조차 할 것이다. 하지만 그의 뼈아픈 실패담은 그리 드문 사례가 아니다. 성공의 문턱에서 좌절했던 무수한 사람들, 실패를 딛고 성공의 문을 열어젖힌 무수한 사람들은 성공 처세서에 반드시 이런 말을 넣는다.

"말재주에 기대지 말고 들어라. 많이 듣는 자가 승리하는 것이 대화라는 게임의 룰이다."

경청은 가장 매력적인 유혹의 수단이다

데이비드의 말처럼 경청은 '달변'에 대한 욕구로 바짝 달아 있는 대부분의 사람들을 손쉽게 옭아매는 무서운 덫이다. 얄미운 이웃, 야비한 경쟁자, 무능한 상사, 까탈을 부리는 고객 등 그 누구라도 '경청의 덫'에 걸리면 쉽게 빠져나갈 수 없다. 어린아이라도 덫에 걸린 짐승은 단 한방에 쓰러뜨릴 수 있다. 하지만 경청은 '불로 소득'을 얻는 아주 매혹적인 방법이기도 한다. 이 책의 원고를 한창 집필하고 있을 무렵, 한 목사가 우리를 찾아왔다. 그의 얼굴엔 수심이 가득했다.

"요즘 교회 신도 수가 심각할 정도로 줄어들고 있습니다. 그래서 말인데요, 당신네 회사의 경청 훈련 프로그램을 우리 교회에 적용해볼 수 있을지 궁금하군요."

우리는 경청 훈련 프로그램에 대해 간단히 설명한 뒤, 구체적인 로드맵을 짜기 위해 교회의 상황이 어떤지에 대해 물어보았다. 그는 어두운 얼굴로 이런저런 얘기를 한참 하더니 이런 말로 끝을 맺었다.

"이유는 모르겠지만 아내가 암으로 세상을 떠난 뒤로는 사람들이 도통 저를 찾아오지 않아요. 정말 고민입니다."

잠자코 경청만 하던 우리는 조용히 고개를 끄덕이며 이렇게 말했다.

"정말 힘들었겠군요."

순간 목사의 얼굴이 확 붉어졌다. 특별히 의미를 두고 한 말이 아니라 우리는 그의 반응에 놀라 잠시 멈칫했지만 말을 이었다.

"누구라도 붙잡고 사모님 얘기를 하고 싶으셨겠네요."

그때였다. 갑자기 목사의 눈에서 눈물이 주르르 흘러내렸다.

"엉엉, 엉엉……."

이마에 주름이 가득한 늙은 목사는 어린아이처럼 울었다. 한 5분여 그랬을까, 목사는 너무도 편안한 얼굴로 인사를 한 뒤 말없이 돌아갔다. 그로부터 3개월 뒤, 우리는 1천 달러를 입금했다는 그의 편지를 받았다.

"교회가 다시 살아났습니다. 저는 그동안 슬픔에 가려 신도들의 말을 듣지 않았던 것이지요. 귀사의 가르침에 진심으로 감사드립니다."

우리가 늙은 목사 헨리에게 말을 한 시간은 고작해야 15초였다. 반면 우리는 생각지도 못했던 1천 달러와 그보다 값진 경청의 가치에 대한 진심 어린 '공감'을 얻어냈다. 만약 우리가 그의 말을 들어주는 대신 말을 했더라면 과연 몇 시간 동안 말해야 헨리의 공감을 얻어낼 수 있었을까? 아니 과연 얻어낼 수나 있었을까?

모두들 말할 생각만 할 뿐 귀 기울여 들을 생각은 하지 않는다. 그러면서도 마음속 깊은 곳에서는 '제발 누군가 내 말 좀 들어줬으면' 하고 바란다. 경제학적으로 표현하자면 이토록 심각한 수요-공급의 불일치는 없을 것이다.

우리가 헨리와의 '거래'를 통해 쉽게 '불로 소득'을 올린 이유는 바로 이 수요와 공급의 불일치 때문일 것이다. 우리가 귀를 닫고 있는 사이에 경청의 가치는 끝을 알 수 없을 만큼 치솟고 있다.

안타깝게도 여전히 대부분의 미국인들은 이런 체험을 겪어보지 못했다. 아니 겪었다 해도, 그들은 '말조심' 해야 한다는 단순한 교훈만을 얻을 뿐이다. 여전히 말을 잘하는 것은 '현실적인 성공'이고 경청하는 것은 '이상적인 도덕'이다. 사실 우리 사회 곳곳에서는 때와 장소를 가리지 않고 온갖 말소리가 시끄럽게 울려 퍼진다. 물건을 구입하라고, 우리 당을 지지하여 표를 찍어달라고, 우리 프로그램을 봐달라고 떠드는 소리만이 요란하다. 상황이 이런데 왜(!) 나는 입 다물고 남의 말을 '경청' 해야 한다는 말인가?

"할 말도 못하고 듣기만 하면 누가 알아주나요?"

거칠지만 솔직한 이 반문에는 네 가지 메시지가 담겨 있다. 첫째, 나는 그렇지 않아도 굉장히 경청하고 있다. 둘째, 말하지 않으면 기회를 잡을 수 없다. 셋째, 이 세상엔 경청할 가치가 있는 말이 별로 없다. 넷째, 협상—

대화—논쟁을 지배하는 것은 입이지 귀가 아니다.

서점에는 '말 잘하는 법'에 관한 책들이 수없이 많이 나와 있고 지금도 여전히 쏟아지고 있다. 사람들은 '달변가'가 되기 위해, 자기 생각을 속 시원히 말하기 위해 엄청난 시간과 돈을 쏟아붓고 있다. 누구나 다 그렇게 애쓰기 때문에, 내 말이 조금 더 돋보이도록 만드느라 더욱더 피땀을 흘린다.

하지만 이런 노력은 충분히 보상받을 수 있는 것일까? 혹시 방향이 잘못된 '도박'은 아닐까?

말을 잘하는 사람들의 '단순한' 비밀

외국 사람들은 해리슨 포드나 윌 스미스의 유창한 영어 때문인지는 몰라도 미국인에 대해 참으로 말 잘하고 유머러스하다는 이미지를 갖고 있는 것 같다. 하지만 '달변'에 대한 미국인들의 갈망은 상상을 초월할 정도이다.

우리의 조사에 따르면 미국의 비즈니스맨들은 1년에 약 600달러 이상의 돈과 60시간 이상의 귀중한 시간을 탁월한 커뮤니케이션 기술을 습득하는 데 소비하고 있다. 하지만 미국에서 시장 경제가 꽃피고 기업 조직이 발달한 지 200년 가까운 시간이 지났지만, 비즈니스맨들의 커뮤니케이션 기술이 특별히 나아졌다는 징후는 털끝만큼도 보이지 않는다.

미국 비즈니스맨의 숫자를 적게 잡아 2천 만명이라고 추산한다면, 1년에 120억 달러의 돈과 1억 2천만 시간이 버려지고 있다. 이런 비효율적인 낭비는 미국의 아침을 쓰레기통으로 처박고 있다. 서로가 서로의 말을 제대로 듣지 않으면서 무려 1억 분 이상의 시간이 비효율적인 미팅으로 인해 낭비되고 있다. 이런 안타까운 낭비의 원인은 무엇일까? 미국인들이 잘못된 곳에다가 자원을 쏟아부었기 때문이다.

말을 잘하는 사람들의 공통점은 의외로 단순하다. 바로 사람들이 무엇을 '들어야 하는지', 무엇을 '듣고 싶어하는지'를 잘 파악하고 있다는 것이다. 20세기 초에도 그랬듯이, 21세기 초에도 탁월한 경영자들과 통찰력 있는 구루들은 '먹통'이 되어버린 비즈니스맨들의 '귀'를 문제 삼는다.

미시건 주의 한 호텔에 근무하는 마사는 매우 특별한 체험을 했다. 그녀 덕분에 호텔을 찾는 고객의 수가 두 배 가까이 늘어나는 놀라운 성과를 거둔 것이다.

외진 곳에 있는 데다 시설도 별로 좋지 않은 그 호텔의 주 고객층은 '나 홀로' 여행객들이었다. 그들은 오래 묵지도 않았고 여타의 부가서비스에 돈을 많이 쓰지도 않았다. 호텔 역시 서비스나 상품 개발에 특별히 신경 쓰지 않았다.

극적인 변화는 늦더위가 기승을 부리던 어느 가을에 일어났다. 마사는 오래전에 실종된 자신의 동생과 닮은 니나라는 투숙객에게 무척 마음이 끌렸다. 그래서 자신도 모르게 좀더 신경 써서 서비스를 하고, 말을 붙여보려고 애를 썼다.

"처음엔 그냥 시큰둥했어요. 그래도 자꾸 말을 걸어보다가 어느 날에는 옷에 대한 얘기를 하게 됐죠. 그 손님은 패션 디자이너였답니다."

마사 역시 젊은 시절에 의류업체에서 일한 적이 있어서 패션에 무척 관심이 많았다. 그녀의 이야기는 즉각 상대방의 반응을 이끌어냈고, 두 사람은 하루도 지나지 않아 말을 터놓는 사이가 됐다. 마사는 자신의 젊은 날을 연상시키는 열정적인 니나의 애기가 무척 흥미로웠다. 하루가 이틀이 되고, 이틀이 사흘이 되더니, 2주일이 지나서야 니나는 집으로 돌아가기 위해 짐을 챙겼다.

그런데 마사는 니나가 던진 한마디에 깜짝 놀랐다.

"마사, 당신처럼 말을 잘하는 사람은 생전 처음이에요."

마사는 순간 당황스러웠다. 그녀가 한 것이라고는 맞장구를 쳐주거나 20년도 더 된 옛날 애기를 두어 번 했던 게 전부였기 때문이다.

"이날 이때까지 말 잘한다는 칭찬을 듣기는 처음이었어요. 그런 말은 오프라 윈프리한테나 어울리는 줄 알았거든요."

호텔 주인의 아들이자 야심만만한 경영학도였던 프레더릭은 마사가 고객에게 대하는 태도를 눈여겨보았다(그도 그럴 것이 2주일이 넘도록 장기 투숙한 고객은 니나가 처음이었다).

"저는 당장 마사를 불러서 대화를 나눠봤습니다. 그리고 직감적으로 깨달았죠. '경청'이야말로 우리 호텔을 완전히 뒤바꿀 방안이란 사실을 말입니다."

프레더릭은 이 외진 호텔을 찾는 손님들 대다수가 매우 외롭고 힘든 일을 겪고 있는 사람들임을 알아챘다. 그래서 우리 팀을 초청하여 '경청'에 대한 특별교육을 실시했다. 그리고 놀라운 아이디어를 내놓기도 했다.

"우리 호텔의 손님들은 1분에 2달러만 내면 자신들의 애기를 경청해줄 심리학자나 카운슬러들과 통화를 할 수 있습니다. 물론 저녁 식사를 마치고 종업원들과 웃고 대화를 나누는 것은 무료입니다. 나는 그들의 경청 실력 또한 매우 탁월하다고 자부합니다."

하지만 프레더릭은 이런 서비스를 절대로 광고하지 않았다.

"복잡한 도시에서 상처받고 떠나온 사람들의 심리는 매우 민감합니다. 성급하게 말하는 것은 금물이죠."

호텔 종업원들은 고객들의 말을 조용히 듣고, 고개를 끄덕이고, 공감해주고, 더 많이 말할 수 있도록 해주었다. 그리고 고객들이 자연스럽게 유료 서비스를 인지할 수 있도록 했다. 고객들의 반응은 조용하지만 뜨거웠다.

"사실 여행객들은 자신에 대한 생각을 무척 많이 합니다. 현실에서 잠시 벗어나 문제해결의 실마리를 얻고 싶어하죠. 우리는 그런 고객들에게 작은 실마리를 제공해주는 데 성공했던 겁니다."

아마도 프레더릭과 마사는 포춘 100대 기업에 근무하면서 다섯 차례나 사내 판매왕의 타이틀을 거머쥔 닉 퍼튼의 원칙을 무심결에 체득했는지도 모른다. 닉에게 경청이란 가장 좋은 기회를 찾는 과정이었다. 그는 여든 살이 다 되어가는 전직 세일즈맨이지만, 여전히 지역 사회에서 사람들의 존경을 받는 리더로서 활동하고 있다. "당신이 다섯 차례나 판매왕에 오를 수 있었던 비결은 무엇인가요?"라고 묻자 그는 대뜸 이렇게 대답했다.

"나와 보통 세일즈맨의 차이가 뭐라고 생각하십니까? 딱 하나입니다. 나는 고객이 말을 할 때, 절대로 물건이나 실적에 대해 생각하지 않습니다. 그 순간, 나는 아무 생각 없이 고객의 말만을 '경청' 합니다. 보통 세일즈맨들은 열에 아홉은 물건과 실적에 대해 생각하지요. 스스로는 고객의 말을 굉장히 잘 듣고 있다고 착각하면서 말입니다."

그는 이런 비유를 들기도 했다.

"고객의 말은 문제지나 다름없습니다. 당신은 시험장에서 문제지를 볼 때 다른 생각을 합니까? 문제지를 제대로 안 봤는데, 해답을 제대로 내놓을 수 있습니까? 고객이 하는 말에는 그들의 요구 사항은 물론이고 그들을 설득할 수 있는 모든 요소가 다 들어 있습니다.

이 요소를 잘 뽑아내는 세일즈맨이야말로 '일류'라는 칭호를 받을 수 있겠지요. 나는 고객들을 만날 때마다 내 자신이 얼마나 귀를 막고 살았는지를 깨닫곤 했습니다."

우주왕복선 챌린저호의 비극은
왜 벌어졌을까

사람들은 경청을 하기도 싫지만, 하는 척이라도 해야 하는 필요악, 혹은 비생산적인 행위로 여기고 있다. 그것은 잘해야 '칭찬'을 받을 수 있는 도덕적 행위 정도로 치부되기도 한다.

대화에서 비생산적인 것이란 무엇일까? 그것은 불필요한 '적대적 감정과 의지와 행동'을 불러일으키는 것을 말한다. 반대로 대화를 살리는 생산적인 요소란 윈-윈 하겠다는 감정과 의지와 행동을 발생시키는 것을 말한다. 이해와 공감은 가장 생산적인 것이다. 세일즈, 협상, 미팅, 연애, 토론, 논쟁 등 그 어떤 대화에서도 마찬가지다. 친밀한 사람들, 낯선 사람들, 심지어 적대자들 사이의 대화에서조차 그러하다.

당신과 상대방이 유리 갤러와 같은 독심술을 갖고 있지 않는 한, 혹은 CIA나 NSA(미 국가안보국)처럼 탁월하고 섬뜩한 정보력을 갖고 있지 않는 한, 경청은 대화의 불필요한 적대적 감정과 의지를 제거하는 가장 좋은 방법이다. 위대한 경영의 구루인 피터 드러커는 이렇게 말한다.

"많이 들어야 합니다. 듣기 위해서는 고객을 가르치겠다, 혹은 지도하겠다는 생각을 하지 말아야 하고요. 그럴 경우 설득은커녕 대화의 가능성마저 사라지고 맙니다. 우리의 뇌가 청각신호를 차단해버릴 테니까요."

'감성의 리더십'을 주창한 대니얼 골먼 역시 '경청'이 가진 최고의 미덕으로 조직 내부의 불필요한 적대감과 불안감을 없앤다는 점을 지적한다.

물론 당신은 여전히 '경청'이 귀찮을지도 모른다. 기본적인 듣기조차 싫은데, 경청은 두말할 나위도 없을 것이다. 우리의 주장은 여전히 '입바른' 소리일지도 모른다. 하지만 경청이 없을 때 우리는 무수히 많은 기회와 돈, 심지어 목숨까지 잃게 된다는 점을 안다면 당신의 생각도 바뀔지 모르겠다.

NASA(미 항공우주국)에서 일했던 D씨는 아직도 챌린저호 폭발 참사에 대한 죄의식 때문에 정신과 치료를 받고 있다. 우주왕복선 챌린저호의 폭발 원인은 지극히 사소한 부품 결함에 있었다. 당시 기술자들은 관료들에게 O-링에 결함이 있어 발사를 연기해야 한다고 경고했다.

하지만 관료들은 '돈만 축내고 성과는 없는' 기술자들에 대해 무척 짜증이 나 있었다. 게다가 행정부와 의회의 압박에 눈치가 보여서 더 이상 부품 교체와 발사 연기로 예산을 낭비할 엄두가 나질 않았다. 하지만 그들의 말을 외면한 결과는 끔찍한 재앙을 불러왔다.

"챌린저호는 순식간에 하얀 구름만 남기고 사라져버렸습니다. 그 순간 깨달았죠. 내가, 내가 그들의 말에 귀를 기울였어야 했다는 걸 말입니다."

나중에 전면적인 조사 결과, 관료들이 기술자들의 경고를 좀더 신중하게 받아들였다면 교사인 크리스타 매컬리프를 비롯한 챌린저호 승무원들은 죽음을 피할 수 있었을 것이라는 사실이 밝혀졌다.

경청이란 먼저 아무런 사심 없이 듣고 그 다음에 판단하는 것이다. 하지만 대개의 사람들은 먼저 정보가 믿을 만한 것인지를 결정한 다음 그 중요성을 평가한다. 속도와 효율성이라는 강박관념에 시달리고 있기 때문이다. 사람들은 대부분 화자가 말도 하기 전에 그의 생각을 넘겨짚고 성급한 평가를 내린다. 이런 습관 때문에, 챌린저호 같은 대참사까지는 아니더라도, 우리는 일상생활 속에서 그 대가를 톡톡히 치러야 한다.

제이크는 회사 컴퓨터의 소프트웨어 문제 때문에 전화로 애프터서비스를 요청했다. 상담원은 새라라는 여성이었다. 제이크는 새라가 문제 파악을 위해 던지는 질문에 빠르게 대답했다. 적어도 그녀가 "메모리 문제처럼 보이는데요, 혹시 임시 파일은 체크해보셨는지요?"라고 말할 때까지는 말이다. 그 직후부터 제이크의 귀엔 아무 말도 들리지 않았다.

'무슨 소리야? 이건 최신 기종이라고. 메모리도 얼마나 빵빵한데. 아무래도 좀 똑똑한 사람하고 얘길 해야겠어.' 서비스 상담 요원이 말을 마쳤을 때 제이크는 이렇게 대답했다. "메모리는 당신네 회사에서 차고 넘칠 만큼 넣어줬습니다. 이건 그 문제가 아니라고요!"

"고객님, 저희 상담 자료에 따르면 임시 파일이 문제의 원인인 경우가 75퍼센트 이상입니다. 혹시 다른 원인이라면 어떤 게 있을 수 있을까요?"

상담원 새라의 질문은 매우 공손했다. 제이크는 잠시 머뭇거리다가 이렇게 대답했다.

"서버 쪽 문제일 것 같은데요. 네트워크 장애가 있을 때 종종……."

제이크는 한참 동안 이런저런 얘기를 해댔고 새라는 조용히 듣기만 했다. 어색한 분위기에서 통화가 끝나고 30분쯤 지나서 컴퓨터 회사의 기술자가 직접 회사로 찾아왔다. 그는 방문한 지 15분 만에 모든 문제를 해결해주었다.

"임시 파일이 비대해져서 메모리에 과부하가 걸릴 뻔했습니다. 흔히 일어나는 문제라 전화 상담으로도 해결되는데……."

제이크는 그제야 자신이 상대방의 말을 제대로 듣지 않았음을 깨달았다. 전화 상담은 무료지만, 방문 서비스는 300달러를 지불해야 했다. 메모리를 네 배나 더 확장할 수 있는 돈이었다.

혹시 당신도 제이크와 같은 일을 당해본 적은 없는가? 제이크는 전화 상담원이 동의할 수 없다 싶은 얘기를 꺼낸 다음부터는 아예 듣지 않았다. 적어도 근거와 논리성 여부만이라도 따져봤다면 그는 '300달러'라는 낭패를 겪진 않았을 것이다. 성급한 결론 내리기는 정확한 경청을 가로막는 무서운 적 가운데 하나다.

정치가나 가족 가운데 누군가가 당신과 다른 견해를 표명했던 때를 머릿속에 떠올려보자. 어떤 판단을 내리기 전에 끝까지 들었는가, 아니면 엉터리 정보를 들었다거나 무식하다거나 비뚤어졌다거나 순진하다고 생각해버렸는가? 어떤 것이든 확실한 반응을 보이기 전에 경청하지 않는다면, 우리는 '성공의 기회'를 잃어버리게 된다.

누군가의 말이 내 생각과 다르다는 이유만으로 몸이 먼저 자리를 박차고 나가거나, 멋지게 한마디 쏘아줄 생각만 하거나, 어떤 반응을 보여줄지 연습해본 적이 많을 것이다. 그런 태도가 종종 심각한 사태를 초래할 때도 있지만, 우리는 좀처럼 그 습관을 버리지 못한다. 그리고 그것이 얼마나 귀중하고 치명적인지 생각해보지도 않은 채 정확하고 완전한 정보를 한 귀로 흘려버린다.

우리는 경청할지 말지를 선택할 수 있다. 다만 경청을 포기하는 순간, 우리는 다양한 대가를 치러야 한다. 제이크처럼 300달러일 수도 있고, 데이비드처럼 협상의 패배와 뒤이은 해고일 수도 있고, 혹은 챌린저호 대참사 이상의 재난일 수도 있다.

2

경청하는 자가 대화의 주도권을 잡는다

듣는 능력이 말하는 능력을 결정한다

우리의 언어습관은, 특히 말하는 습관은 듣는 습관에서 비롯된다는 사실을 알고 있는가. 말을 조리 있게 잘하는 사람은 대개 듣는 습관이 좋은 사람이다. 듣는 스타일이 말하는 스타일을 결정한다. 우리는 말하는 법보다 듣는 법을 먼저 배운다.

어려서부터 훈련이 잘된 사람들은 억지로 들으려고 노력하지 않아도 '말귀가 밝다.' 잘 듣는 사람은 스트레스도 적게 받는다. 누구나 그런 경험을 해본 적이 있을 것이다. 타인의 말이 귀에 쏙쏙 들어오고 잘 이해되면 스트레스도 덜 받는 그런 경험 말이다.

쓰기나 읽기 같은 커뮤니케이션 기술과 달리 듣기는 귀머거리만 아니면 선천적으로 타고나는 것이라는 생각이 널리 퍼져 있다. 하지만 연구 결과 우리들 중 일부만이 날 때부터 효과적으로 듣는 법을 알고 태어나는 것으로 나타났다.

대부분의 사람들이 듣기에 관해 우연히 배우게 된다. 사람들이 가장 많이 사용하는 커뮤니케이션 기술인데도 듣기 훈련을 받을 기회는 전무한 실정이다. 청각 기능이 정상이면 당연히 듣는 데도 문제없다는 무의식적인 생각도 이런 현실을 부추긴다. 이런 사실 때문에 미네소타 대학 커뮤케이션 부문의 이머리투스 교수인 랠프 니콜스는 교육 시스템 자체를 바꾸자고 주장한다. 그는 초·중등학교에서 듣기 교육을 의무적으로 실시하려는 연방정책을 지원하고 있다.

루스와 앨런은 얼마 전에 태어난 딸 제니퍼가 자신들의 목소리에 반응을 보이자 얼마나 기뻤는지 모른다. 의사는 아기의 청각이 아주 정상이라고 말해주었다. 부부는 당연히 귀에 이상이 없으니 듣기에 관한 교육이 따로 필요하다는 생각은 하지도 못한다.

불행하게도 청각 기능이 듣는 능력을 보장해주지는 않는다. 우리의 듣기 습관은 별다른 훈련 없이 일상생활 속에서 그럭저럭 개발되곤 한다. 초등교육 커리큘럼을 보면 듣기 능력 자체가 거의 필요가 없음을 알 수 있다. 그리고 듣기 능력 훈련이 초등교육 및 중등, 대학교육에서 무시되다 보니 아이들은 교육 과정이 아니라 부모님이나 선생님들과의 접촉을 통해 '불규칙적으로' 듣기 습관을 갖게 될 뿐이다. 운이 좋으면 훌륭한 듣기 역할 모델을 만날 수도 있지만, 전혀 그렇지 않을 수도 있다.

뿌린 만큼 거둔다는 속담이 있다. 사람은 늑대 속에서 자랄 경우 늑대의 말만을 들을 것이며, 늑대의 말만을 하게 될 것이다. 어린 시절에 당신

곁엔 어떤 듣기 역할 모델이 있었는가? 한번 돌이켜보길 바란다. 그들은 좋은 영향을 미쳤는가, 전혀 그렇지 않은가? 여하튼 당신이 효과적인 듣기 훈련을 받지 못했다면, 잘못된 듣기 습관을 갖게 될 확률은 아주 높다는 것만 말해두자.

당장 버려야 할,
듣기에 관한 위험한 착각들

사람들은 듣기와 대화에 관한 몇 가지 위험한 편견과 오해를 갖고 있다. 우리는 세미나를 시작할 때마다 참가자들에게 듣기에 대한 자신들의 생각을 들려달라고 요청하곤 한다. 이런 시도들 덕분에 우리는 사람들이 무의식적으로 갖게 된 듣기에 대한 가정들을 광범위하게 수집할 수 있었다. 우리의 연구 조사와 경험에 따르자면, 듣기에 관한 사람들의 생각 중에는 전혀 근거 없는 것들이 많았다. 당신도 혹시 그런 생각을 갖고 있진 않을까? 무심결에 위험한 가정을 받아들이게 된 것은 아닌지 다음 글을 읽으며 따져보라.

마이크 잡은 사람이 주도권을 쥔다?

우리들 중 다수가 '마이크를 잡으면' 대화의 주도권을 쥔 것이라고 믿는다. 그것이 일대일 대화건 많은 사람들이 모인 상황이건 말이다. 이런 이유로 우리는 '말 잘하는 법'을 배우느라 많은 시간을 투자하곤 한다. 말 잘하는 것이야말로 훌륭한 커뮤니케이션의 유일무이한 보증수표라고 믿기 때문이다.

진짜 현실은 그렇지 않다. 대화의 주도권은 청자가 쥐고 있다.

당신이 참가했던 미팅이나 연수 프로그램을 기억해보라. 혹시 연사의 말에 대해 가혹한 평가를 내렸거나 적대적인 반응을 보였던 적은 없는가? 만일 있다면, 당신은 두 눈으로 청자의 힘이 얼마나 무서운지를 목도한 것이다. 아무리 달변가이고, 카리스마 넘치고, 열성적이라 해도 말하는 사람은 말하는 사람일 뿐이다. 우리가 듣지 않으면 그걸로 끝인 것이다.

동부의 한 공기업 CEO는 노조와의 미팅에서 열변을 토하고 있었다. 그는 공장의 안전사고 건수가 대폭 낮아졌다는 얘기로 프레젠테이션을 시작했다. 하지만 그는 그 순간에 치명적인 사고가 터졌다는 사실을 모르고 있었다. 신참 작업자 한 사람이 고무장갑을 끼지 않은 채 선을 만졌다가 감전사했던 것이다. 모여 있던 근로자들은 분노의 소리를 내기 시작했고, 결국 CEO는 인사 담당자의 보호 속에 온갖 욕지거리를 들어가며 옆문으로 도망쳐야 했다.

만약 그때 CEO가 근로자들에게 자기 말을 들으라고 명령이라도 내렸다면 상황은 더욱 악화되었을 것이다. 말하는 사람은 타인의 귀를 억지로 열어두게 할 수 없다. 반면, 자신의 힘을 자각한 청자라면 이런 상황에서 톡톡히 '재미'를 볼 수 있다.

로스앤젤레스에 있는 한 고급 백화점의 소매부문 담당자인 조안은 몇 가지 선택 사항을 논의하는 과정에서 의류 구매 담당자에게 주의를 기울였다. 그녀는 질문을 던졌고, 고개를 끄덕였고, 미소를 지었고, 눈짓을 주고받으며 논의의 흐름을 조절하기도 했다. 그녀의 바이어는 조안의 이런 의식적인 노력을 전혀 알아채지 못했다. 하지만 조안은 회의 시간 내내 말을 안 해도 될 정도였고 그날의 논의는 매우 생산적이었다.

이 사례에서 조안은 자신의 듣기 능력을 멋지게 활용했다. 그녀는 관심과 열의를 적절하게 보여주는 것만으로도 시간 활용에서 막대한 효과를 보았던 것이다.

우리는 청자가 된 순간부터 상대방의 말을 들어줄지 말지 결정할 수 있다. 우리가 의식적이건 무의식적이건 간에 듣지 않는 쪽을 선택할 경우, 말하는 사람은 그걸로 끝이다. 말하는 쪽이야 청자를 사로잡기 위해 온갖 기술을 동원해보지만, 청자가 원치 않으면 아무 소용이 없다. 사실, 말하는 사람은 은근히 압력도 가해보고 치켜세우기도 하고 애걸하기도 하고 때론 분위기를 띄워보기도 한다. 하지만 결국 커뮤니케이션의 칼자루를 쥔 쪽은 듣는 입장이다.

필요하면 언제든 잘 들을 수 있다?

성공을 위한 필수 능력 가운데 하나는 들어야 할 말을 놓치지 않고 듣는 경청의 능력이다. 하지만 우리는 언제, 어떻게 들을지 결정할 수 있다고 생각한다. 과연 정말일까?

칼라와 에드는 하와이에서 결혼 1주년을 기념하여 휴가를 즐기고 있었다. 칼라는 마우이 인근 바닷가의 단골 레스토랑에서 식사를 하다가 달콤했던 신혼의 추억을 얘기하기 시작했다. 하지만 그녀가 추억에 잠긴 것과는 달리 에드는 그녀의 말을 듣고 있지 않았다. 그는 마무리 못한 직장 업무에 온통 신경이 쏠려 있었다. 칼라는 그의 다리를 세게 걷어찼고 그제야 에드는 '화들짝 놀라며' 그녀의 말에 귀를 기울이기 시작했다.

낯익은 풍경 같지 않은가? 불행하게도 이런 사례는 시나리오의 소재로 쓰이기를 수없이 반복하며 전 세계 극장에서 하루에도 수천 수만 번씩 상영되고 있다.

다수의 사람들은 진지하게 경청하는 태도를 '따로 보관해두는' 습관을 갖고 있다. 필요하면 언제든 꺼내 쓸 수 있다고 생각하면서 말이다. 하지만 이런 가정은 자신의 듣기 능력에 대한 지나친 확신으로 이어지기 십상이다. 우리는 세미나 참가자들에게 이런 가정이 올바른지 스스로 시험해보도록 했다.

그들은 병원의 긴급 상황을 담은 20초짜리 비디오를 관람했다. 우리는 비디오를 보여주기 전에 참가자들에게 생사를 다투는 상황에서 고도의 듣기 능력이 얼마나 중요할지 한번 상상해보라고 요구했다. 하지만 시청한 내용에 대해 간단한 질문 10가지를 던졌을 때, 4개 이상을 제대로 답한 사람은 단 한 명도 없었다.

이것이 듣기 능력에 대한 우리의 진짜 현실이다. 더 신경을 쓴다고 반드시 더 잘 듣는 것은 아니다.

오리건 주에서 온 프리다는 열심히 집중하기만 하면 중요한 메시지는 정확하게 기억할 수 있을 거라 믿었다고 털어놓았다. 하지만 전화 통화 내용을 토대로 작성한 금융보고서가 완전히 엉망이 된 뒤로 그런 믿음이 산산조각 났다고 말했다. 정부의 회계감사관은 프리다가 제시한 수치를 조목조목 반박했고 결국 그녀의 회사는 벌금을 물어야만 했던 것이다. 요즘 그녀는 자기가 제대로 들었는지 확인하기 위해 모든 정보를 별도의 노트에 기록하고 관계자들에게 회람시킨다.

사람들은 듣는 입장이 된 순간부터 자신들의 기억력을 과대평가하기 시작한다. 듣기에 대해 고도로 훈련받은 사람들조차 기술적이고 낯선 정보를 대할 경우 난처해한다.

기억력에 관한 조사 결과를 보면 거의 모든 사람들은 대화가 끝나고 10분도 채 안 돼서 절반 이상의 내용을 잊어버린다. 그리고 24시간이 지나면 그 대화 내용의 10퍼센트도 기억하지 못하게 된다.

미국의 전화 회사 AT&T는 사람들이 일곱 자리 이상의 전화번호는 오래 기억하지 못한다는 사실을 이용하여 수익을 창출하기도 했다. 그들은 추가비용을 받고 대신 그 번호를 눌러주었던 것이다(당연히 실수할 가능성은 제로가 된다). 하지만 어떤 사람들은 이런 추가비용을 낼 필요가 없다. 탁월한 듣기 능력 덕분이다.

추가비용을 지불해야 하는 사람들은 그 순간, 자신의 기억력을 탓하지만, 진짜 원인은 듣기 능력에 있다. 애초부터 잘못 들었으니 머리에 제대로 남을 리 없는 것이다.

내가 얘기를 하면, 상대방은 듣기 시작한다?

최근에 당신이 참석했던 미팅을 떠올려보라. '내가 말하면 상대방은 듣는다.'는 이 가정이 정말 맞는가? 참가자들은 첫 발언자의 말에 열과 성을 다해 몰두했던가? 당신은 어떠했는가? 혹시 미처 끝마치지 못한 채 책상 위에 남겨둔 서류가 어른거리지 않았는가? 출장 계획을 짜는 일을 비롯해서 온갖 할 일들이 하필 그 순간에 줄줄이 떠오르지 않았는가?

진짜 현실은 이렇다. 발언자의 말에 귀를 기울이는 데는 시간이 좀더 필요하다. 그런데도 우리는 다른 사람들이 들을 준비가 안 되었다는 사실을 종종 잊어버린다. 대다수의 청자들은 발언자가 말을 시작한 뒤 몇 초의 시간이 지나고서야 그 말을 따라가기 시작한다. 마치 자동차가 변속기어를 넣은 뒤 조금 있어야 반응이 오는 것처럼, 인간의 집중 메커니즘도 발언자의 말과 생각에 '조금 늦게' 반응하는 것이다.

상황이 이렇다 보니 주의를 집중시키고 청중을 살짝 자극해주지 않는 한 대화를 성공적으로 끌어갈 수 없다. 사실 대중 강사들이란 깜짝 발언이나 농담, 개인적인 일화 같은 것을 시의 적절하게 효과적으로 쓰도록 훈련을 받은 사람들이다. 그들은 청중이 자기 발언에 집중하도록 만드는 방법을 배운 것이다. 사람은 상당한 자극과 연습을 거쳐서야 즉시 경청할 수 있게 된다.

오번 대학에 다니는 제레미는 자신이 왜 미분 시험에서는 죽어도 A를 받지 못하는지 이해할 수 없었다. 그는 똑똑한 데다 높은 수준의 내용도 금방 쉽게 따라갔기 때문이다. 상담자를 찾아가서 이 문제에 대해 몇 차례 얘기를 나눈 결과, 아무래도 미분 강의 방식에 문제가 있는 것 같다는 결론이 나왔다.

제레미가 수강하는 대부분의 과목에서 교수들은 처음 몇 분간은 스포츠나 사적인 얘기를 하다가 슬슬 본 강의로 들어가곤 했다. 하지만 미분을 가르치는 아가시 교수는 곧바로 본 강의를 시작했다. 특히 수업 첫머리에 공식과 법칙을 먼저 제시하였다.

제레미와 많은 수강생들은 강의 초반에 설명하는 내용을 거의 놓치기 일쑤였다. 집중하지 못했거나 미처 들을 준비가 안 된 탓에 미분 강의의 10분의 1 정도는 제레미의 머릿속에서 사라졌다고 봐도 무방할 지경이었다.

제레미는 카운슬러의 조언에 따라 아가시 교수의 패턴에 맞춰 강의 시작과 동시에 정신을 바짝 차리고 필기를 시작했다. 그 후 제레미는 그토록 소원하던 A를 받았다.

말하는 법을 배우면 말을 잘할 것이다?

우선 말을 잘한다는 것이 무엇인지 그 개념을 확실히 할 필요가 있다. 말을 잘한다는 것은 화려한 수사나 거침없이 쏟아내는 것을 뜻하지 않는다. 우리 사회에서 '저 사람, 말 참 잘한다.'는 속생각은 흔히 비아냥거림이나 다분히 부정적인 평가일 때가 많다.

동서고금을 통틀어 '말이 많다'는 비난과 비판을 담은 격언과 속담은 무수히 많이 있다. 하지만 '말을 잘 듣는다'는 비판이나 비난을 담은 사례는 적어도 우리가 아는 한 단 하나도 없다. 말을 잘한다는 것은 단지 언변

이 뛰어난 것에 그치지 않고 상대방과 효과적으로 교감하고 의사소통을 한다는 의미다.

미국의 매스컴에서 최고의 달변가로 꼽히는 오프라 윈프리와 래리 킹 두 사람은 최고의 말하기란 최고의 듣기에서 나온다는 것을 증명해준다. 그들은 치밀하게 듣고 매우 날카로운 질문을 던진다. 그들의 쇼에 나온 게스트들은 그 질문에 유도되어 평소에는 감히 할 수도 없을 것 같은 발언을 내놓는다.

평범한 사람들을 주로 상대하는 오프라 윈프리는 더욱더 특별한 재능을 발휘한다. 그녀는 게스트의 발언을 극도로 주의 깊게 들은 뒤 정말 자신이 듣고 싶었던 이야기를 듣기 위해 중간 중간 질문을 던진다. 전혀 달변가라고 할 수도 없는 게스트들은 오프라 윈프리의 이런 질문을 '이정표' 삼아서 생생하고 감동적인 자신만의 스토리를 털어놓는다.

래리 킹 역시 놀랍기는 마찬가지다. 미디어에 자주 출연하는 유명인들의 인터뷰나 대담 프로그램은 식상한 요식행위가 되기 쉽다. 하지만 래리 킹은 절대로 그런 '진부한 타락'을 허용하는 법이 없다. 그는 철저히 시청자들과 자신이 듣고 싶은 이야기가 무엇인지를 고민한다. 그리고 출연자의 말을 치밀하게 따라가면서 필요할 때마다 질문을 던져 정말 듣고 싶었던 이야기들을 끌어내는 것이다.

말을 잘한다는 것은 듣는 사람의 마음을 사로잡는 것이다. 또한 상대방이 나에게 말하고 싶은 기분이 들게끔 만든다는 것이다. 아마도 이런 목적을 달성하자면, 말하는 법보다 경청하는 법을 배워야 하지 않을까?

나는 정말 제대로 듣고 있을까

이미 오래전부터 경제 석학이나 경영의 구루들은 경청의 가치를 강조해 왔다. 미국 경영학계의 대가인 톰 피터스는 이렇게 말했다. "타인을 만족 시키는 가장 탁월한 방법은 그들의 말을 경청하는 것이다. 말하고 명령하는 것이 지난 세기의 방법이었다면, 귀 기울여 경청하는 것은 21세기의 방법이라 할 수 있다."

듣기 행위를 둘러싼 수많은 패러독스 가운데 가장 모순된 것은 대다수 사람들이 효과적으로 듣지 않는다는 것을 인정하면서도 그 상태를 개선하기 위해 아무 노력도 하지 않는다는 것이다. 물론 사람들은 과음, 흡연, 과식, 약물 남용 등과 같은 파괴적인 행위들을 극복하려는 노력을 기울이지 않는 경우도 많다. 따라서 듣기 행위를 개선하기 위해 노력하지 않는다고 해도 크게 문제가 될 것은 없어 보인다.

사실 잘못된 듣기 행위가 심각하게 느껴지지 않는 이유는 다른 데 있다. 즉, 사람들이 그 문제를 사소하게 받아들이고 쉽게 잊어버린다는 것이다. 사람들은 매일처럼 입으로 말을 잘하는 것이 얼마나 중요한가를 목격한다. 경청했다는 사실은 별로 부각되지 않지만 잘한 말 한마디는 이른바 '불후의 명언'으로 역사에 남기까지 한다. 당연히 사람들은 듣기보다는 말하기를 중요하게 여길 수밖에 없을 것이다.

우리는 워크숍 참가자들에게 청자로서의 자신을 평가해보도록 했다. 그들 대부분은 지금까지 듣는 사람으로서의 자신을 평가한다는 생각은 한 번도 해본 적이 없다고 말했다. 그러면서 연설자로서, 작가로서, 골퍼로서, 수학자로서의 자신을 평가하는 것이 훨씬 쉬울 것이라고 덧붙였다. 그들은 연설자, 작가, 골퍼, 수학자로서의 능력을 평가할 기준은 가지고 있었다. 그러나 듣기는 내적인 과정이기 때문에 대부분의 사람들은 자신이 얼마나 남의 말을 잘 듣는지 평가하지 않는다. 이제 잠시 청자로서의 자신은 몇 점인지 평가해보자.

● 집에서?   ______

● 직장에서?   ______

대부분은 다른 사람들의 말을 기초로 점수를 준다. 이를테면 "너는 남의 말을 잘 들어줘." 또는 "너는 내 말을 결코 기억하지 못해." 등의 말을 점수에 반영하는 것이다. 워크숍 참가자들은 대개 35~85점 사이의 점수를 스스로에게 주었다. 평균 점수는 60점 정도다. 그렇다면 만약 당신의 자녀가 받아쓰기에서 60점을 받아오거나 운전면허 필기시험에서 60점을 받았다면 어떻겠는가? 별로 기분이 좋지 않을 것이다. 그런데도 듣기에서만은 60점을 받고도 아무 노력을 하지 않는 것은 어째서일까?

스스로 점수를 매겨보았으니 이제 한 걸음 더 나아가보자. 당신 인생에서 가장 중요한 사람들은 청자로서의 당신을 어떻게 평가할까? 다음 사람들은 당신에게 몇 점을 줄까? 0~100점 사이의 점수를 적어보라.

- ● 친한 친구　　　　　　　　　　　　　　———
- ● 상사　　　　　　　　　　　　　　　　　———
- ● 동업자나 동료　　　　　　　　　　　　———
- ● 직접적인 평판　　　　　　　　　　　　———
- ● 배우자 · 동거인 · 연인　　　　　　　　———
- ● 아이들(특히 10대들)　　　　　　　　　———

이제 당신이 스스로에게 준 점수와 다른 사람들로부터 받을 것 같은 점수를 비교해보라. 어느 쪽이 더 높은가?

여러 해 동안 워크숍 참가자들의 점수는 같은 유형을 보였다. 우리는 가장 친한 친구에게서 가장 높은 점수를 받을 것으로 생각한다(대개 스스로에게 준 점수보다 훨씬 높은 점수를 받을 것으로 생각한다). 이것은 충분히 이해할 수 있는 현상이다. 누군가를 가장 좋은 친구로 생각하는 이유는 그가 자신의 말에 귀를 기울여주기 때문이다. 우리는 또한 상사들로부터도 더 높은 점수를 받을 것으로 생각한다. 우리는 상사의 말에 동의하지 않는 경우에도 진심을 숨기고 그들의 말에 귀를 기울이는 척한다. 우리가 상사에게 귀를 기울이는 것은 단 한 가지 이유에서다. 그는 권력을 가지고 있고 영향력이 있기 때문이다. 그리고 동료는 우리가 스스로에게 주는 점수와 같은 점수를 줄 것이라고 기대한다.

반면 직접적 평판으로부터 받는 점수나 부하직원들로부터 받는 점수는 우리가 스스로에게 준 점수보다 더 낮을 것이라고 생각한다. 우리는 그들의 말에 귀를 기울이기는 하지만 그들의 요구를 항상 들어주지는 않기 때문이다. 사람들은 대개 우리 또는 우리가 요구하는 것에 동의하기 때문에 귀를 기울인다고 믿는다.

우리는 또 배우자나 동거인이 가장 낮은 점수를 줄 것으로 생각한다. 사실 그들에게 기대하는 점수는 우리가 스스로에게 준 점수보다 20~30점이나 낮다. 여러 해 같이 지내다 보면 어느새 상대방의 말에 귀를 기울이지 않게 되는 경향이 있다. 우리는 듣는 척만 하고 실제로는 듣지 않으며 상대방이 무슨 말을 할지 다 알고 있다고 지레짐작한다. 자신의 말에 귀를 기울여주고 자신을 이해해줄 누군가를 찾다가 새로운 관계가 시작된다는 것은 흥미로운 사실이다.

10대들 역시 우리가 스스로에게 준 점수보다 낮은 점수를 줄 것이라고 생각한다. 상사들은 부하직원이 자신의 말에 귀를 기울이지 않으리라고 생각하는데, 이와 마찬가지로 아이들(특히 10대)은 부모와는 상충되는 목표를 갖는다. 다행히 10대들이 나이를 먹어가면서 점수는 올라간다.

이제 당신이 향상시키기 위해 노력해왔던 활동들을 생각해보자. 거기에는 골프 스윙, 테니스 스트로크, 낚시, 브리지 게임 전략 등 당신이 중요하게 생각했던 많은 활동들이 포함될 것이다. 남의 말을 제대로 들으면 인간관계도 좋아지고, 건강도 증진되며, 부를 얻을 수도 있고, 더 행복해질 수도 있다. 그러나 대부분의 사람들이 듣기 기술을 향상시키기 위해 어떤 노력도 기울이지 않는다. 대신 우리는 비효과적인 듣기를 대수롭지 않게 생각한다. 그 때문에 인간관계를 망치면서도 말이다.

당신의 말하기는 당신의 듣기 능력에 좌우된다는 사실을 명심할 필요가 있다. '어록'까지는 아니더라도, 능력 있는 팀장이나 CEO라는 평판을 듣고 싶다면 지금부터는 입보다는 귀에 조금만 더 관심을 기울이도록 하라!

절대로 '경청의 힘'을 포기하지 마라

직장이나 학교, 각종 인간관계 속에서 정성을 다해 듣는 사람을 만나기란 쉽지 않은 일이다. 우리는 대부분 제대로 듣는 법을 단 한 번도 배워본 적이 없기 때문이다. 반대로 우리는 다른 사람의 말을 의식적, 무의식적으로 무시하는 법을 아주 자연스럽게 체득해왔다. 그리고 타인의 말을 '배경음악'으로 삼아 자기 생각에 빠져들곤 한다.

물론 우리는 타인의 말솜씨가 부족하고 지루해서라고 변명할 수 있다. 하지만 정작 자신의 잘못된 듣기 습관 때문에 얼마나 많은 중요한 정보와 귀중한 기회를 놓치고 있는지를 안다면 과연 그런 말을 쉽게 할 수 있을까?

먼저 무시라는 말의 강한 뉘앙스를 잊기를 바란다. 무시란 것은 매우 섬세하고 교묘한 연기와 같은 것이다. 당신은 표 나지 않게 상대방의 말을 무시할 수 있다. 대화나 강연, 미팅에서 다른 사람의 말을 무시하고 있는 자신을 마지막으로 발견한 게 언제인가? 그때 당신은 너무 지루했나, 아니면 갑자기 다른 생각이 폭풍처럼 몰아쳤나? 아니면 말하는 사람의 생각에 동의하기 어려웠거나 혼란스러웠나?

사람은 마음이 천리 밖에 있다 해도 마치 집중하는 것처럼 연기할 수 있다. 또한 우리는 지루하고 비효율적인 학교 교육에 적응하는 과정에서 본심과는 상관없이 스스로 그렇게 연기를 하도록 진화해왔다. 교육자들 역시 학생들에게 듣는 척이라도 하도록 장려하고 가르쳐왔다. 심지어 우리 자신조차 연기하고 있다는 것을 못 느낄 정도로 말이다. 그래서 아주 눈썰미가 탁월한 사람이 아니고서는 그런 '멍한 눈동자'를 구별해내기도 힘들다. 불행하게도 우리는 그런 무시 속에서 우리가 잃고 있는 게 얼마나 많은지, 또 얼마나 부주의하게 경청의 힘을 간과하는지를 알지 못한다.

일단 '무시'의 장벽을 둘러치고 나면 그 공간은 자기 생각으로 가득 차게 된다. 불행하게도 많은 사람들이 자기 생각에 빠져 있다가 좋은 인상을 남길 기회를 놓쳐버리곤 한다. 예를 들어 처음 만나는 사람과 인사를 나눌 때, 우리는 듣는 능력을 확실히 퇴보시켜버린다. 자기 차림새가 어떤지, 혹은 만나고 싶은 다른 사람한테 한눈을 팔다가, 혹은 또 다른 사람을 생각하다가 상대방의 말을 흘려듣게 된다.

이름을 너무도 잘 기억하는 사람을 보고 신기해한 적이 있을 것이다. 자기한테만 신경 쓰다 보면 상대방의 이름을 기억하지 못하는 일이 흔히 벌어진다. 하도 자주 일어나는 일이라 사람들도 이쯤은 대수롭지 않게 여긴다. 하지만 이름 까먹기야말로 우리가 듣는 능력을 포기했다는 확실한 증거다.

크리스티안은 드디어 회사의 리더십 팀의 미팅에 참가하도록 초대를 받았다. 단지 자리를 채우는 것에 그치지 않고, 마케팅 부서의 최근 영업 활동의 성과에 대해 프레젠테이션을 하도록 요청까지 받았다. 다른 스태프들이 프레젠테이션과 발언을 하는 동안 크리스티안은 속으로 몇 번이고 리허설을 되풀이했다. 그래서 스스로 만족할 만큼 되었다 싶을 때 비로소 그는 다른 사람의 발언에 귀를 기울이기 시작했다. 그의 손은 그들의 발언 내용을 부분부분 메모했지만, 그의 머릿속엔 준비한 각종 자료와 자기 옷차림에 대한 생각들이 재빨리 스쳐 지나갔다. 모든 것이 완벽해야 했기에 어느 것 하나 놓칠 수 없었다.

그런데 정작 크리스티안의 프레젠테이션이 진행될수록, 참가자들은 어리둥절한 반응을 보였다. 꽤 잘한 것 같았는데 말이다. 게다가 다른 발언자들의 내용까지 적절히 언급했다. 큰 미팅에 처음으로 참가해보는 크리스티안은 얼굴이 붉어지며 이야기의 핵심을 놓쳤을 뿐만 아니라 회사의 전략적 방침과도 연결시키지 못했다. 미팅이 끝난 후, 크리스티안은 자신이 다른 사람들의 발표 내용을 완전히 엉터리로 인용하고 평가했다는 것을 알게 됐다.

믿지 못하겠다면 역지사지를 해보는 것도 좋겠다. 내 귀의 들보는 못 봐도 다른 사람의 귀의 이쑤시개는 쉽게 보인다. 대화 도중에 상대방의 다음과 같은 행동 때문에 기분이 나쁘거나 신경이 거슬렸던 적은 없는가?

● 내가 말할 때 자꾸 끼어든다.

- 말하는 사람을 쳐다보지 않는다.

- 자꾸 재촉해서 말하는 상대방의 시간을 빼앗고 있다는 죄책감이 들게 한다.

- 대화보다 다른 것에 흥미를 보인다.

- 미처 말을 끝내기도 전에 결론을 내버린다.

- 나의 요구에 반응하지 않는다.

- 마치 마음을 정한 것처럼 "그래, 하지만……"이라고 말한다.

- "그 이야기를 들으니 생각나는데……", 또는 "별 것 아니네. 내 이야기 좀 들어봐……."라는 말로 상대방의 말허리를 잘라버린다.

- 이전에 이야기한 것을 잊어버린다.

- 세부적인 것까지 너무 꼬치꼬치 묻는다.

- 텔레비전 소리처럼 정신을 산만하게 하는 요소를 방치한다.

- 멀찍이 떨어져 있다.

- 중요한 이야기인데도 메모를 하지 않는다.

- 고개를 끄덕이는 등 비언어적 반응이 전혀 없다.

당신은 위에서 열거한 행동들을 자주 겪었을 것이다. 그리고 상대방 역시 당신의 그런 행동 때문에 무척이나 신경이 거슬릴 것이다. 어느 한쪽이 변화하지 않는 한 협상도, 토론도, 대화도, 그리고 비즈니스와 연애와 우정 등 어떤 관계도 더 이상 진전이 없을 것이다.

듣지 않는 사람들의 4가지 유형

사람들에겐 저마다 '귀를 틀어막는' 독특한 습관이 있다. 자신이 어떤 식으로 듣지 않는가를 안다면 훨씬 쉽게 경청의 잠재력을 깨울 수 있을 것이다.

꿈꾸는 몽상가 유형

페더럴 익스프레스 광고를 했던 존 '마이티 마우스(강력한 입)' 무치타는 1분에 무려 500단어나 말할 수 있다. 그는 아마 세상에서 가장 말을 빨리하는 사람일지도 모른다. 누구든 집중만 하면 제한된 시간 동안 빠른 속도로 전달되는 정보를 이해할 수 있다. 보통 사람들은 1분에 125~150단어를 말할 수 있는데, 상대방이 그보다 훨씬 빠른 속도로 말을 해도 이해할 수 있다. 오히려 상대방이 너무 느리게 말하면 남는 시간에 백일몽을 꾸거나 딴 생각을 하기 쉽다. 즉, 대부분의 사람들이 대화를 듣다가 말다가 하는 것이다.

의식적인 노력을 하지 않을 경우 성인들이 주의를 집중할 수 있는 시간은 대략 10~20초 사이다. 사람들은 무의식적으로 상대방의 말에 귀를 기울였다가 딴 생각 하기를 반복하는 것이다. 상대방의 말을 듣는 것처럼 보이지만 생각은 수천 킬로미터 떨어진 곳에 가 있다. 심지어 남의 말에 집중을 잘하는 사람조차 대화나 강의에 완전히 몰입하는 데 곤란을 겪는다. 그러나 다른 사람의 말을 듣고 이해하는 동안 남는 시간을 낭비하는 습관이 있다면 결국은 중요한 정보를 놓치고 나아가 인간관계까지 망칠 수 있다.

'건드리면 터져' 유형

어느 날 크리스는 가슴에서 멍울이 만져지자 병원을 찾아갔다.

유방 엑스선 사진을 찍은 지 이틀이 지난 후 크리스는 간호사로부터 전화를 받았다. 그녀의 주치의인 가드너 박사가 추가 검사를 하고 싶어한다는 것이었다. 크리스가 이것저것 질문을 하자 간호사는 친절하게 대답했다.

"죄송하지만 가드너 박사님께 직접 물어보시는 게 좋을 것 같군요. 박사님에게 전화하시라고 전해드릴까요?"

그 순간 크리스의 귀에는 더 이상 간호사의 말이 들려오지 않았다. 공포에 질린 그녀는 자신의 내부에서 들려오는 목소리에만 귀를 기울이기 시작했다. '도대체 무슨 일이지? 암에 걸린 걸까? 유방 절제술을 받아야 하는 건 아닐까?' 갖가지 걱정 때문에 그녀는 간호사가 하는 이야기를 하나도 듣지 못했다.

크리스의 경우처럼 감정이 개입되면 논리가 억눌리면서 사람들은 더 이상 상대방의 말에 귀를 기울이지 않게 된다. 그 때문에 누군가 부정적인 감정을 느끼고 있다면(화가 났다든지, 우울해한다든지, 질투를 느낀다든지) 그 사람이 진정될 때까지 대화를 멈추는 것이 좋다.

부정적인 감정들은 남의 말에 귀를 기울이는 것을 방해한다. 이럴 때 감정은 마치 우리의 의지를 벗어난 듯 보인다. 때때로 사람들은 자신이 감정적인 반응을 보인다는 사실을 알면서도 자제하지 못한다.

우리는 크리스처럼 특별한 경우에만 감정의 지배를 받아서 '귀를 막는' 게 아니다. 알게 모르게 다양한 종류의 감정이 우리의 귀를 막아버린다. 때로는 성격이 너무나 감정적이어서 남의 말을 잘 듣지 못하는 사람들도 있다. 스스로를 관찰함으로써 어떤 요인에 감정적인 반응을 보이는지 알게 되면 이성을 잃기 전에 그런 감정들을 피할 수 있을 것이다.

'언제나 잘난' 척 유형

건서는 다른 사람들의 입을 틀어막아야만 직성이 풀리는 사람이었다. 만일 누군가 주말에 낚시여행을 다녀왔다고 이야기하면 그는 자신이 오스트레일리아에서 엄청나게 큰 청새치를 잡은 적이 있다며 자랑을 늘어놓았다. 만일 상사가 전날 밤 7시까지 사무실에 남아 일했다고 불평을 하면, 자신은 일찍 퇴근한 대신 집에서 자정까지 일을 했다고 말했다.

당신 주변에도 건서 같은 사람이 한 명쯤 있을 것이다. 그리고 누구나 그런 사람을 싫어할 것이다. 그런 사람들은 무엇이든 자신이 남보다 낫다는 것을 보여주려는 강한 욕망을 지니고 있다. 그들의 행동은 '남보다 앞서고 싶어함'이라는 말로 묘사할 수 있다. 이처럼 남의 말을 들을 때 습관적으로 그를 앞서려 하다 보면 그 사람과의 관계는 악화될 것이고 나아가 우정이 싹트는 것도 방해할 것이다.

보통사람들도 때로는 건서와 비슷한 성향을 보이곤 한다. 나서기 좋아하고 건방진 스타일이 아님에도 특정한 주제나 특정한 상황에 맞닥뜨리면 자신도 모르게 귀를 막고 입을 열어 말을 쏟아내는 경우가 있는 것이다. 프레젠테이션에서 경쟁자와 대면을 한 날이라면 어떨까? 혹은 멋진 이성을 앞에 두고 경쟁자와 대면을 한 날이라면? 우리는 섣불리 귀를 막고 입을 열고 싶은 유혹에 빠질 수 있다.

'물에서 입만 떠' 유형

이 책의 저자 중 한 명인 래리 바커는 ABC 방송의 〈20/20〉에 출연한 적이 있다. 그날의 주제는 '수다'였다. 먼저 수다 때문에 남자와 오랫동안 사귀지 못하는 여자의 이야기가 소개되었다. 그 다음에는 래리가 리더십 강사로 관리자들을 지도하는 모습이 나왔다. 래리는 말을 길게 해서 상대방이 더 이상 듣지 않게 되는 경우를 막으려면 어떻게 해야 할지 지도하는 한편 직접적인 평판을 통해 자신을 평가하는 법을 가르쳤다.

그 결과 관리자들은 상대방의 반응에 영향을 주지 않고 질문에 대답하는 법, 상대방이 자신의 말에 흥미를 잃었다는 표시를 찾아내는 법, 자신의 생각을 좀더 간결하게 제시하는 법, 덜 권위적이 되는 법 등을 터득할 수 있었다.

또 관리자들은 너무 자주, 너무 많이 말을 하면 상대방이 싫증을 낼 수 있다는 사실을 알게 되었다. 사람들에게 좋은 인상을 심어주고 싶다면, 더 설득력 있게 말하고 싶다면 말을 적게 하는 법을 배워라. 연구 결과, 사람들은 주어진 시간의 80퍼센트 이상을 혼자 떠드는 사람을 좋아하지 않는다는 사실이 밝혀졌다.

커뮤니케이션이란 상호작용이다. 주는 것이 있으면 받는 것이 있어야 하고, 받는 것이 있다면 주는 것이 있어야 한다. 당신이 말을 많이 할수록, 당신이 자기 생각만 할수록, 당신이 자기감정에만 빠져 있을수록 남의 말을 덜 듣게 된다. 마찬가지로 상대방 역시 당신의 말과 메시지, 감정을 낮게 평가할 수밖에 없다. 또한 자신의 말과 생각을 기억하는 것도 힘들어진다. 귀 기울여 들어라. 그리고 당신의 말을 듣는 입장에서 생각하라.

우리의 상담을 받았던 유명 기업의 경영인은 '자신의 말을 듣는' 것으로 말하기 능력을 대폭 향상시켰다. 그는 2개월 동안 모든 회의, 인터뷰, 연설, 강연 등을 녹음하여 정기적으로 듣고 철저히 듣는 입장에서 평가하였다. '내가 이 말을 들었다면 내 기분은 어떨까?' '내가 이 말을 들었다면 제대로 이해했을까?' '내가 이 말을 들었다면 감동했을까?' '내가 이 말을 들었다면 지루하진 않았을까?'

당신이 당장 '경청의 달인'이 될 필요는 없다. 그리고 당신의 목적은 당연히 말을 잘하고 남들이 귀 기울여 들어주는 사람이 되는 것이다. 그렇다면 우선 듣는 사람의 입장에서 자신의 말을 냉정히 평가해보길 바란다.

'내면의 목소리'가 대화를 망친다

청자로서 집중한다는 것은 다른 사람의 말에 지속적으로 귀를 기울인다는 의미다. 대화하는 중에 상대방보다 다른 것에 정신을 팔 때 우리는 대화의 초점을 잃게 된다. 음악, 큰 목소리, 사무실의 기계 소음 등은 우리의 주의를 빼앗는다. 게다가 내면의 목소리 때문에 상대방의 말을 제대로 듣지 못했을 경우에는 그 결과가 눈에 보일 때까지 자신이 남의 말을 제대로 듣지 못했다는 사실조차 알아차리기 힘들다.

아침을 먹으면서 케리는 아버지 웨인에게 자신의 마지막 홈경기에 대해 이야기했다. 웨인은 커피를 마시면서 서류를 읽고 오늘 처리해야 할 첫 번째 업무에 대해 메모를 했다. 케리가 아침을 다 먹자 웨인은 아이를 가볍게 끌어안으며 말했다.

"체육관에서 보자."

그런데 그가 체육관에 도착했을 때 체육관의 문은 잠겨 있었다. 그는 몹시 당황했다. 그는 이미 세 번의 홈경기를 놓쳤고 오늘만은 꼭 참석하겠다고 아들과 약속한 터였다. 경기 시간은 4시라고 들은 것 같은데 체육관 주변에는 아무도 없었다. 웨인은 생각했다.

'아침에 분명히 4시라고 들었는데. 아무래도 머릿속으로 딴 생각을 너무 많이 했어. 사업상의 약속은 놓친 적이 없는데 항상 아이들과의 약속은 지키지 못하는 이유가 뭘까?'

웨인은 딸이 실망하리라는 생각에 안절부절하지 못했다. 딸은 분명 아버지가 관심이 없어서 자신의 말을 제대로 듣지 않았다고 생각할 것이다. 자녀의 말을 소중하게 들어줄 줄 아는 부모가 되고 싶다면 몇 분만 시간을 내서 아래의 연습을 해보자.

- 시계나 전자레인지를 30초 후로 맞춰놓는다.
- 30초 동안 눈을 감고 주변에서 들려오는 모든 소리에 귀 기울인다.
- 30초 후 어떤 소리들이 들렸는지 모두 적는다.

최소한 다섯 가지 소리를 적을 수 있어야 한다. 그 소리들 중에는 다음과 같은 것이 포함되어야 한다. 에어컨이나 온풍기 돌아가는 소리, 밖에서 들려오는 자동차 소리, 비행기 소리, 종이나 옷이 바스락거리는 소리, 복도의 발자국 소리, 문 닫히는 소리, 엘리베이터 소리, 자신의 숨소리, 전화벨 소리, 프린터 등 각종 기계 소음, 목소리, 음악, 새소리나 귀뚜라미

소리 등 자연의 음악 소리……. 어떤 환경에 처해 있느냐에 따라 다양한 목록이 만들어진다.

아마 당신은 이 연습을 하기 전에는 이 소리 중 대다수를 인식하지 못했을 것이다. 그런 소리에 주의를 집중함으로써 당신은 그 소리들을 식별해내고 중요한 것과 중요하지 않은 것으로 분류할 수 있게 된다. 놓쳐버린 소리가 있는가? 예를 들어 내면의 소리 같은 것을 들었는가? 만일 내면의 목소리를 목록의 앞쪽에 올려놓았다면 아주 잘한 것이다. 그러나 다른 사람과 대화를 할 때에는 그 내면의 소리가 얼마나 자신을 산만하게 하는지 깨닫지 못할 수 있다.

내면의 목소리는 한시도 멈추지 않는다. 앞서 소개한 대로 30초 동안 소리를 포착하는 훈련을 하는 동안에도 내면의 목소리는 아마 다음과 같이 말할 것이다.

'30초가 정말 길구나.'
'도대체 왜 이런 걸 해야 하지?'
'생각보다 소리가 많이 들리는데.'
'아무것도 안 들려.'

내면의 목소리는 세상에서 가장 큰 소리이며, 다른 사람들과의 관계를 종종 방해하기도 한다. 내면의 목소리는 주의를 산만하게 하고 인간관계를 방해하기도 하지만 중요하게 다루어져야 한다. 내면의 목소리는 자신 또는 다른 사람과의 상호작용을 돌아볼 수 있도록 돕지만 때로는 속삭여야

할 때 소리를 지르고 기다려야 할 때 끼어들고 숙고해야 할 때 논쟁을 벌
인다.

다른 사람의 말에 귀를 기울일 수 있을 만큼 내면의 목소리를 작게 낮
추는 것은 어려운 일이다. 내면의 목소리를 조절하려면 자신보다는 다른
사람의 입장에서 들을 수 있어야 한다. 《성공하는 사람들의 7가지 습관》
의 저자인 스티븐 코비는 이렇게 썼다.

"먼저 이해하고 그 다음에 이해받으라."

3

대화의 성패를 좌우하는 4가지 듣기성향

사람마다 전혀 다른 방식으로
말을 듣는다

사람마다 듣는 스타일이 다르다는 것을 아는 사람은 별로 없다. 그리고 이런 듣는 성향의 차이가 말하는 습관이나 말하는 능력은 물론, 인간관계와 인생의 행로마저 크게 뒤바꾼다는 것을 아는 사람은 더더욱 드물다. 왠지 사람들로부터 소외되고 있다면, 왠지 말하는 것에 자신이 없다면, 뭔가 자꾸만 놓치는 정보가 늘어나고 있다면 당신은 자신의 듣기 성향에 대해 깊게 고민해볼 필요가 있다.

1980년대 초반에 우리 저자들은 왜 학생과 고객, 워크숍 참가자들이 각기 다른 듣기 습관을 갖고 있는지에 대해 의문을 가졌다. 우리는 청자들이 주의를 기울이거나 흥미를 보이는 경우가 강연이나 워크숍, 혹은 수업 중에 드라마틱하게 달라진다는 사실을 알 수 있었다.

또한 우리는 청자들이 주의 깊게 듣는 것들 사이에 상당한 모순이 있다는 것도 알게 되었다. 우리의 호기심은 1984년에 듣기성향 프로파일을 개발하고 그것을 꼼꼼하게 다듬고, 1993년에 그것을 완성하는 과정에서 거의 극에 달했다. 그 무렵 우리 저자들은 헤아릴 수 없을 정도로 많은 연구 결과를 활용하여 우리의 듣기성향 프로파일을 풍부하게 만들어 나갔다.

듣기성향은 누가, 언제, 어디서, 어떻게, 어떤 종류의 정보를 듣고 싶어 하는지에 따라 결정된다. 어떤 사람은 전화 통화를 선호하는데 어떤 이는 꼭 만나서 얘기해야 마음이 편하다. 어떤 사람들은 중요한 골자부터 듣고 싶어하는 반면 재미있는 이야기나 일화를 얘기해줘야 몰입하는 사람도 있다.

사람마다 특별히 귀를 더 잘 기울이게 되는 장소도 있게 마련이다. 편안한 분위기에서 얘기해야 좋은 사람이 있고, 격식을 갖춰야만 대화가 되는 사람도 있다. 아침 시간에 더 잘 듣는 사람이 있는가 하면 오후나 저녁에 더 잘 듣는 사람도 있다. 사람들은 또한 특정한 종류의 정보를 선호하거나 싫어하게 마련이다. 어떤 이는 기술적인 데이터에 익숙한 반면, 또 어떤 이는 그런 얘기만 꺼내면 금세 지루한 표정을 짓는다. 우리는 실험, 관찰뿐만 아니라, 세계 곳곳에서 개최한 세미나 및 프레젠테이션의 현장에서 수많은 참가자들을 대상으로 듣기성향 프로파일을 검증하고 활용해 보았다. 1998년 ABC 방송의 〈20/20〉에서는 듣기성향 프로파일을 '벽에 대고 말하기'라는 제목으로 집중 조명하기도 했다. 우리는 워크숍과 훈련 프로그램에서 듣기성향 프로파일을 이렇게 활용했다.

- '상대방의 말을 듣게 되는 동기와 상대방의 말을 듣는 방식'에 따른 독특한 장단점을 참가자들이 잘 파악할 수 있도록 돕는다.

- 직장에서 상사나 동료의 특성에 맞게 메시지의 내용이나 전달 방식을 효과적으로 조절할 수 있도록 해준다.

- 판매, 프레젠테이션, 아이디어 제시, 혹은 특정 연령대의 사람들을 상대할 때, 핵심적인 결정권자 또는 청중들에게 가장 알맞은 접근 방법을 결정하도록 도와준다.

- 참가자들이 팀과 작업 그룹별로 나타나는 차이점을 감지하고 분석, 평가할 수 있도록 도와준다.

이 책에서 소개하는 듣기성향 프로파일은 타인의 듣기성향뿐만 아니라 자신의 듣기성향도 파악할 수 있도록 해준다. 프로파일 과정 뒤에는 각 성향의 특징을 간단하게 요약해두었으니 읽어보기 바란다. 유형별 사례마다 장점과 단점도 정리했다. 모든 내용은 우리 저자들의 조사와 경험을 바탕으로 연구·개발한 것이다. 제시한 사례들이 현실에서 나타나는 모든 경우를 완벽하게 반영할 수는 없지만 독자들이 실제 상황에서 그 효과를 느끼기엔 조금도 부족함이 없으리라 확신한다.

나는 어떻게 남의 말을 들을까

당신이 종종 처하게 되는 듣기 상황 혹은 듣기 역할을 떠올려보자. 예를 들어, 당신은 직장에서, 혹은 친구나 배우자로, 혹은 부모로서 상대방의 말을 듣게 될 것이다(이 문항은 꼭 한 번만 하는 게 아니라 여러 상황과 역할에 맞게 거듭 수행해볼 수 있다). 다음 내용을 읽고, 한 번에 하나의 역할과 상황만을 생각하며 답해보라. 해당 번호에 체크하면 된다.

늘 그렇다—5

자주 그렇다—4

종종 그렇다—3

드물게 그렇다—2

전혀 그렇지 않다—1

듣기 성향 체크리스트

1. 상대방의 말을 들을 때 그 사람의 느낌에 주의를 기울인다.

   5 ☐   4 ☐   3 ☐   2 ☐   1 ☐

2. 상대방의 말을 들으면 기분이 좋은지 그렇지 않은지 금세 알아차린다.

   5 ☐   4 ☐   3 ☐   2 ☐   1 ☐

3. 상대방이 자기 문제를 털어놓을 때 그 사람의 말에 금방 몰두한다.

   5 ☐   4 ☐   3 ☐   2 ☐   1 ☐

4. 새로 알게 된 사람의 말을 들을 때 공통의 관심사를 찾으려고 노력한다.

   5 ☐   4 ☐   3 ☐   2 ☐   1 ☐

5. 다른 사람이 말을 할 때 눈짓이나 고갯짓으로 흥미를 표현한다.

   5 ☐   4 ☐   3 ☐   2 ☐   1 ☐

6. 다른 사람이 자기 생각을 조리 있고, 효과적으로 표현하지 못하면 갑갑해진다.

   5 ☐   4 ☐   3 ☐   2 ☐   1 ☐

7. 다른 사람의 말을 들을 때 내용의 불일치나 모순점에 집중한다.

   5 ☐   4 ☐   3 ☐   2 ☐   1 ☐

8. 말하는 사람의 생각을 건너뛰거나 예단한다.

   5 ☐   4 ☐   3 ☐   2 ☐   1 ☐

9. 대화 도중에 곁가지를 치며 다른 얘기를 꺼내는 사람이 정말 싫다.

   5 ☐   4 ☐   3 ☐   2 ☐   1 ☐

10. 말하는 사람이 더 빨리 요점에 도달할 수 있게 질문을 던진다.

5 □　4 □　3 □　2 □　1 □

11. 모든 사실을 듣고 나서야 판단을 내리거나 의견을 내놓는다.

5 □　4 □　3 □　2 □　1 □

12. 기술적인 정보를 선호하는 편이다.

5 □　4 □　3 □　2 □　1 □

13. 의견이나 주장보다는 내가 직접 판단·평가해볼 수 있는 사실이나 증거를 듣고 싶어한다.

5 □　4 □　3 □　2 □　1 □

14. 복잡한 정보를 듣는 게 즐겁고 좋다.

5 □　4 □　3 □　2 □　1 □

15. 추가적인 정보를 캐내기 위해 질문을 던진다.

5 □　4 □　3 □　2 □　1 □

16. 바쁠 때면 얘기를 들어줄 시간이 한정돼 있음을 상대방에게 알린다.

5 □　4 □　3 □　2 □　1 □

17. 토론을 시작하기 전에 얼마나 오래 기다렸는지부터 말한다.

5 □　4 □　3 □　2 □　1 □

18. 시간이 없다 싶으면 상대방이 말을 하는 도중에라도 끼어든다.

5 □　4 □　3 □　2 □　1 □

19. 시간이 없다 싶으면 상대방이 말을 하고 있어도 손목시계나 벽시계를 쳐다본다.

5 □　4 □　3 □　2 □　1 □

20. 시간의 압박을 느낄 때면 다른 사람의 말에 대한 집중력이 떨어진다.

5 □　4 □　3 □　2 □　1 □

점수

● 1~5번 문항에 4 혹은 5를 표기한 횟수 :

사람 지향적 ______

● 6~10번 문항에 4 혹은 5를 표기한 횟수 :

행동 지향적 ______

● 11~15번 문항에 4 혹은 5를 표기한 횟수 :

내용 지향적 ______

● 16~20번 문항에 4 혹은 5를 표기한 횟수 :

시간 지향적 ______

듣기성향 프로파일 해설

이제 당신은 네 개의 점수를 손에 쥐었다. 각각의 점수는 사람 지향, 행동 지향, 내용 지향, 시간 지향 가운데 하나의 듣기성향에 대한 평가를 반영한다. 자, 그렇다면 당신은 어떤 항목에서 가장 높은 점수를 얻었는가? 각 항목들 사이의 점수 편차는 당신의 듣기성향에 대해 이제껏 알지 못했던 귀중한 정보를 담고 있다. 아래의 설명에 따라 점수가 의미하는 바를 해석해보라.

1. 각각의 듣기성향 프로파일에 표기된 숫자는 당신이 그런 성향을 얼마나 강하게 갖고 있는지를 보여준다.

   4~5점   강한 성향

   3점   보통 성향

   1~2점   약한 성향

   0점   성향 없음

2. 두 개 이상의 항목에서 높은 점수(4~5점)를 얻었다면 당신은 복합적인 듣기성향을 갖고 있다.

3. 모든 항목에서 0점을 얻었다면 당신은 듣기 자체를 회피하고 있을 가능성이 농후하다.

4가지 듣기성향은
이렇게 대화를 지배한다

사람 지향적 청자

사람 지향적인 듣기성향을 갖고 있다면 당신은 듣는 행위가 인간관계에 어떤 영향을 끼칠지를 가장 염두에 둘 것이다. 당신은 타인의 말을 들으면서 그의 감정 상태를 온전히 이해하고 별다른 선입견 없이 그 사람을 바라볼 것이다. 개인적인 문제나 위기에 봉착했을 때, 사람들은 바로 사람 지향적인 듣기성향을 가진 당신을 찾게 된다. 거의 모든 유형의 사람들에게 열려 있다 보니, 당신은 타인과 너무 잘 얽히게 된다. 때때로 사람 지향적인 유형은 다른 사람의 말을 들을 때 쉽게 휩쓸리고 객관성을 잃어버리기 쉽다.

테드는 대형 메디컬 센터에서 일하고 있다. 15년 가까이 그 일을 하면서, 테드는 동료들로부터 참을성 있고, 자상하고, 열려 있는 사람이라는 평을 받았다. 그는 늘 질문하고, 들었던 내용을 다시 정리해 보여주고, 다른 사람의 대답을 한 번 더 반복한다. 하지만 불행하게도 상사는 테드가 일을 너무 적게 한다고 생각한다. 지난 6개월 동안 테드는 보고서 제출을 제대로 하지 않았던 것이다. 이 문제에 봉착하자 테드의 상사는 무엇이 문제인지를 쉽게 알아챘다. 테드는 고객의 안타까운 상황을 진심으로 헤아려주고 들어주느라 너무 많은 시간을 보냈던 것이다.

테드는 듣기 행위에서 사람 지향적인 유형이 어디까지 갈 수 있는가를 극단적으로 보여준다. 자신이 혹시라도 이런 듣기성향을 갖고 있는지, 또는 이런 듣기성향에 대해 더 알고 싶다면 아래의 내용을 참조하라.

장점

- 다른 사람에게 관심이 많고 배려할 줄 안다.
- 선입견이나 편견을 갖지 않는다.
- 대화할 때 반드시 유언, 무언의 피드백을 준다.
- 타인의 감정 상태를 잘 파악한다.
- 타인의 분위기를 빨리 감지한다.

단점

- 타인의 감정 상태에 너무 쉽게 휘말리게 된다.
- 타인의 잘못이나 약점을 잘 보지 못한다.
- 타인의 감정을 내면화하거나 거기에 동화된다.

- 타인의 일에 지나치게 간섭하기 쉽다.

- 피드백을 줄 때 너무 오버할 수 있다.

- 이 사람 저 사람 가리지 않고 친해질 우려가 있다.

행동 지향적 청자

행동 지향적인 청자는 자신이 맡은 임무에 집중한다. 그들은 개략적인 내용에 귀를 기울이고 두서없는 이야기를 듣는 것을 힘들어한다. 또한 다른 사람들이 주제에서 벗어나지 않도록 도움을 주고 논리적 · 구조적 방식으로 정보를 제공하기 때문에 대부분의 회의에서 환영받는다. 때때로 임무에 너무 집착하기 때문에 다른 사람들과 관계를 맺는 데 참을성을 발휘하지 못하고 관심 또한 없는 것으로 비쳐진다.

멜리사는 명문학교의 MBA 학생이자 아이를 둔 엄마이다. 낮에는 일을 하고 밤에 학교를 다니는 만큼 짧은 시간 내에 최고의 정보를 얻는 것을 중시한다. 그녀는 산만하게 강의하는 것으로 악명 높은 교수의 수업을 지금껏 피해왔지만 이번 학기에는 필수 재무과정이라 어쩔 수 없이 들어야 했다. 첫 수업은 그녀에게 좌절감과 지루함을 안겨주었을 뿐, 어떤 새로운 지식도 전해주지 못했다. 그녀는 다음 수업 시간은 그렇게 보내지 않기로 결심하고 그 교수가 주제에서 벗어나지 않도록 일련의 질문들을 준비해서 갔다.

장점

- 문제의 핵심에 재빨리 접근한다.

- 목표와 관련된 피드백을 재빨리 제공한다.

- 당장 수행해야 할 임무를 이해하는 데 에너지를 집중한다.

- 다른 사람들이 중요한 것에 초점을 맞추도록 돕는다.

- 다른 사람들이 구조적이고 간결하게 말을 하도록 돕는다.

- 내용 속에 담긴 모순을 잘 파악한다.

단점

- 주의가 산만한 화자를 참지 못한다.

- 말이 끝나기 전에 넘겨짚고 재빨리 결론을 내린다.

- 화자가 두서없이 이야기하면 쉽게 산만해진다.

- 무례한 질문을 한다.

- 지나치게 비판적으로 보인다.

- 감정적인 문제를 과소평가한다.

내용 지향적 청자

내용 지향적인 청자는 모든 내용을 신중하게 평가하는 경향이 있다. 그들은 자세히 듣고 이면에 숨겨진 내용까지 파헤쳐 문제를 모든 관점에서 탐구한다. 그들의 모습은 때때로 현미경을 들여다보며 정보를 해부하는 것처럼 보일지도 모른다. 그들은 대개 전문가나 확실한 정보통에게 귀 기울이는 것을 좋아한다. 또한 문제의 모든 면을 파악하려 하고 난해하거나 복잡한 정보에 귀 기울이는 것을 좋아한다. 자발적인 대화, 창조적인 아이디어의 교환을 즐긴다. 기술 분야의 종사자 등이 이 범주에 속하는 경우가 많다.

캐럴은 설비 회사에서 승진가도를 달리고 있었다. 엔지니어링 분야의 학사 학위를 가지고 있는 캐럴은 뛰어난 분석가였고 다른 사람들은 그녀의 정보에 의존했다. 그날 첫 미팅에서 한 영업사원이 그녀의 부서에 새로운 상품을 팔려고 했다. 그가 이야기를 시작하자 캐럴은 그의 자질과 말하는 스타일을 평가했다. 미팅이 진행되면서 캐럴은 기억할 것은 기억하고 메모할 것은 메모를 했다. 그녀는 가끔 그의 말을 끊고 질문을 하기도 했다. 미팅이 끝날 무렵 그녀는 그동안 들은 내용을 요약하고 자신의 조건을 제시하며 자신이 강점이라고 생각하는 것들을 지적했다. 그러고는 자신이 제시한 조건을 만족시킬 제안을 준비해오라고 그에게 말했다.

장점

- 기술적 정보를 높이 평가한다.
- 정보가 얼마나 명료한지, 자신이 얼마나 이해했는지를 점검한다.
- 다른 사람들이 자신의 생각에 대한 근거를 제시하도록 격려한다.
- 복잡하고 어려운 정보를 환영한다.
- 문제의 모든 측면에 관심을 가진다.

단점

- 지나치게 세부적인 것에 집착한다.
- 신랄한 질문으로 다른 사람들을 위협한다.

- 비기술적 정보를 과소평가한다.

- 알려지지 않은 개인에게서 들은 정보는 높게 평가하지 않는다.

- 결정하는 데 오랜 시간이 걸린다.

시간 지향적 청자

시간 지향적 청자는 시계를 끊임없이 들여다보며 상대방도 그렇게 하게 한다. 그들은 시간을 중시하고 시간을 낭비하는 사람들을 참지 못한다. 효율성과 시간관리를 중시하는 반면 시간에 대한 압박감 때문에 창조력을 발휘하지 못한다. 또한 인간관계를 망치거나 경시하기 쉬우므로 주의해야 한다. 사업이나 직장생활 등을 하는 사람들에게서 쉽게 찾아볼 수 있는 유형이다.

예를 들어 보브는 국제법률회사에서 일하는 변호사다. 그는 스태프들과 이야기를 할 때면 흔히 달력을 넘겨보고 시계를 들여다본다. 오후가 되면 상사가 그의 방에 머리를 삐죽 내밀고 묻는다.

"자네 시간 있나?"

그러면 보브는 대답한다.

"네, 10분 정도 시간이 있습니다. 하지만 그 후에는 클라이언트에 대한 보고서를 끝내야 합니다."

상사와 이야기를 시작하기 전에 그는 문을 닫고 비서에게 10분 동안 전화를 돌리지 말라고 부탁한 다음 일하던 것을 책상 한쪽으로 밀어놓고 상사에게 주의를 집중한다. 그는 시간을 의식하면서 중요한 문제에 집중할 수 있다. 직장에서는 보브와 같은 시간 지향적 청자들이 대개 높은 평가를 받는다. 그러나 가정 혹은 친구들 사이에서는 별로 높은 평가를 받지 못한다.

장점

- 시간을 효과적으로 관리한다.
- 다른 사람의 말을 들을 때 시간의 제한이 있음을 알린다.
- 만남이나 대화에서 시간을 어떻게 이용할 것인지 지침을 정한다.
- 화자가 쓸데없는 말을 하며 시간을 낭비하지 못하도록 한다.
- 시간이 낭비되고 있을 때 상대방에게 암시를 준다.

단점

- 시간을 낭비하는 사람들을 참지 못하는 경향이 있다.
- 인간관계에 긴장을 주면서 다른 사람들을 방해한다.
- 시간을 의식하다 보면 집중력이 떨어질 수 있다.
- 자주 시계를 들여다봄으로써 화자를 조급하게 만든다.
- 시간적인 압박을 주어 다른 사람들이 창조력을 발휘하지 못하게 한다.

다중적 성향

앞에 소개한 테스트를 실시해보면 대부분의 사람들은 둘 이상의 듣기성향에서 높은 점수를 받는다. 응답자의 40퍼센트 정도는 적어도 두 가지 듣기성향을 보였다. 어떤 경우 각각의 성향들은 서로 모순되지만 어떤 경우에는 서로 보완하는 역할을 했다. 예를 들어 사람 지향적 성향과 시간 지향적 성향을 동시에 보인 사람이라면 경우에 따라 느긋하게 대화에 참여하는가 하면 때로는 성급하게 대화를 끝내려는 경향을 보일 것이다.

바텐더인 앨리스는 사람 지향적 청자인 동시에 시간 지향적 청자라고 할 수 있다. 저녁 시간에 일하는 네 명의 바텐더 중 단골이 가장 많다. 그녀가 이처럼 인기 있는 이유는 무엇보다도 손님들, 특히 초저녁 손님들에게 보여주는 관심 때문이다. 바쁘지 않으면 그녀는 손님들의 이야기에 열심히 귀 기울인다. 앨리스는 대부분의 사람 지향적 청자들처럼 주문보다는 이야기에 더 관심을 보이는 경우도 많다. 그러다가 손님이 늘어나고 점점 바빠지면서 시간적 압박을 느끼면 그녀는 사람 지향적 성향 대신 시간 지향적 성향을 보인다. 이때 그녀는 일상적인 대화에 귀를 기울이는 대신 주문과 관련된 질문들을 더 많이 한다. 그리고 얼굴 표정에도 조금씩 참을성이 사라져간다. 비교적 한가한 초저녁에 그녀를 보아온 단골손님들은 그런 그녀의 모습을 보고 혼란스러워한다.

어떤 경우에 어떤 듣기성향이 나타나는가를 결정하는 요소는 다음과 같은 것들이다.

- 시간적인 압박
- 화자나 화제에 대한 관심
- 대화에 (중요한) 다른 사람이 끼어 있는가?

● 다른 사람에게 귀를 기울일 만한 에너지가 충분한가?

다중적 듣기성향은 대개 독립적이지만 종종 겹쳐서 나타나기도 한다. 가장 일반적으로 나타나는 것은 행동 지향적 듣기와 시간 지향적 듣기의 결합이다.

행동 지향적 청자인 앨런은 짜임새 있는 보고를 듣는 것을 좋아한다. 뚜렷한 목표나 짜임새 없이 정보가 제공될 때 그녀는 시간 지향적 성향을 드러내기도 한다. 그녀는 질문을 던지거나 시계를 들여다보면서 자신의 시간이 낭비되고 있음을 암시한다. 다중적 듣기성향은 상황에 따라 달라지는 다중적 습관이다. 상황에 따라 듣기성향도 다르게 나타난다는 사실을 이해함으로써 우리는 습관에 따라 들을 것인지 능동적으로 자신이 선택한 방식으로 들을 것인지 의식적으로 결정할 수 있게 된다.

듣기성향은 상황의 지배도 받는다

여기서 주의할 점이 하나 있다. 사람은 자신의 성격에 따라 듣기성향을 보이지만 상황에 따라 특정한 듣기성향을 표출하는 경우도 많다.

예를 들어 사람 지향적 듣기성향은 화자와의 관계를 지속시키고 싶을 때, 비공식적이거나 친밀한 상황에서 잘 나타난다. 행동 지향적 듣기성향은 듣기를 위한 에너지 공급이 적을 때나 공식적인 상황에서 드러나기 쉽고, 내용 지향적 듣기성향은 화제 혹은 화자에게 관심이 많을 때나 대화의 내용이 전문적일 때 또는 사업상의 경쟁 상황에 놓여 있을 때 잘 나타난다. 시간 지향적 듣기성향은 시간 제한이 있을 때, 인간관계보다 임무가 중요할 때 잘 나타난다.

상황에 따라 사람들의 듣기성향이 변할 수 있음을 고려하여 대화한다면 아주 효과적인 커뮤니케이션이 가능할 것이다. 물론 말을 하면서 그때그때 상대방의 독특한 듣기성향을 파악한다면 최상의 결과를 얻을 수 있다.

어떤 듣기성향도 없다면
정말 위험하다

약 20퍼센트의 사람들은 특별한 듣기성향을 나타내지 않는다. 만일 앞의 테스트에서 모든 듣기성향 점수가 0이었다면 듣기를 통해 정보를 얻는 것을 좋아하지 않는다는 의미다. 이와 같은 듣기성향의 결여를 '듣기 회피' 라 부른다. 듣기 회피가 반드시 부정적인 것은 아니지만 극단적인 상황에서는 문제를 야기할 수 있다. 듣기 회피의 가장 일반적인 원인은 내향성과 피로감이다.

내향성

내향성은 듣기성향에 영향을 주는 성격상의 특징이다. 내향적인 사람들은 대개 사람들이 많이 모인 시끄러운 곳보다는 혼자 있거나 조용한 대화를 선호한다. 내향적인 사람은 컴퓨터 같은 기계와 작업하는 것을 좋아하고 글을 통한 의사소통을 선호한다.

컴퓨터 프로그래머인 칼로스는 10년 동안 승진을 하지 못했다. 그는 성실하지만 내향적이다. 사람들보다는 전자 장비와 있는 것을 더 편하게 여기며, 다른 사람들과 대화하기보다는 컴퓨터 앞에 앉아 있거나 책 읽는 것을 더 좋아한다. 그의 동료들은 그가 은둔적이라고 생각한다. 그는 메일, 팩스, 쪽지를 통해 하고 싶은 말을 하고 다른 사람들도 그렇게 해주기를 바란다. 그렇게 얼굴을 마주 보고 대화를 하거나 전화 통화를 싫어하는 성향 때문에 그는 직장도 옮기지 않고 10년째 같은 곳에서 일하고 있다.

만일 모든 듣기성향에 0을 기록했고 자신이 보기에도 내향적이라고 생각된다면 듣기 회피의 주된 원인은 내향성이라 판단할 수 있다. 그러나 모든 듣기성향에서 낮은 점수를 기록했지만 다른 사람과 사귀는 것을 좋아하고 대화를 즐기는 사람들도 많이 있다.

피로감

만일 육체적, 정신적으로 지쳤다면 남의 말을 들을 에너지가 남아 있지 않을지 모른다. 듣기 에너지와 피로의 상관관계에 대해서는 뒤에서 더 깊이 다룰 것이다. 여기서는 최근 대화를 얼마나 자주, 얼마나 길게 나누었는지 생각해보고 남의 말을 들으면서 피로를 느꼈는지를 점검해보도록 하자. 만일 그렇다면 듣기 회피는 지속적인 것이 아니라 일시적인 것이다.

대학을 갓 졸업한 초등학교 교사 메리 앨런은 사람 지향적 듣기성향이 강하다(사실 대부분의 신입 교사들은 사람 지향적 성향을 보인다). 오하이오 주

데이턴에 있는 학교에 처음 부임하자마자 그녀는 2학년 담임을 맡았다. 교사로 일한 지 석 달 만에 크리스마스 방학을 맞아 집으로 돌아온 그녀는 자신의 교육철학 노트에서 듣기성향 체크리스트를 발견하고 재미로 다시 한 번 해보았다. 그런데 어찌 된 일인지 결과는 어떤 듣기성향도 나타나지 않았다.

메리 앨런의 경험은 아주 일반적인 것이다. 다행히 휴가나 여름방학 후에 대부분의 교사들은 기력을 회복하고 다시 사람 지향적 청자로 돌아간다. 최근 의대생을 연구한 결과에 따르면 의대 본과 1~2학년 사이에 사람 지향적 성향이 줄어드는 것으로 나타났다. 게다가 피로(단지 듣기 피로가 아니다)가 쌓이는 동안 다른 사람을 대하는 태도도 무례해지는 경향이 있다.

만일 듣기성향 체크리스트에서 듣기를 회피하는 경향이 있는 것으로 나타났다면 이는 일이나 인간관계에도 영향을 미칠 수 있다. 비록 어떤 상황에서는 듣기를 회피하는 경향이 있다 해도 의식적으로 노력을 한다면 다른 사람의 말에 귀를 기울일 수 있다는 사실을 기억하라. 또한 다른 사람들 중에도 듣기를 회피하는 사람이 있음을 염두에 두어야 한다. 듣기 회피가 내향성이나 피로 때문에 나타나는 것이건 그렇지 않건 간에 화자에게는 해결해야 할 주요 난점이다. 4장에서는 화자로서 서로 다른 듣기성향에 적응하는 방법들을 살펴볼 것이다.

몇 가지 조언

우리의 듣기성향은 오랜 시간에 걸쳐 발전, 강화되어왔고 사람마다 서로 다른 방향으로 발달해왔다. 사람마다 언제, 어떤 방법으로 들을 것인지 좋아하는 방식이 있다. 또한 어떤 사람의 말은 쉽게 귀를 기울일 수 있는 반면 어떤 사람의 말은 그렇지 않은 것도 듣기성향에 기인한다. 어떤 사람은 전문가에게 귀 기울이는 것을 좋아하는 반면 어떤 사람은 재미있는 이야기를 듣는 것을 좋아하고 또 어떤 사람은 다른 사람들의 요구사항에 귀를 기울인다.

우리는 대개 듣기 방법을 바꾸려고 하지 않는다. 그러나 듣기 방법을 바꾸면 더 효과적이고 재미있게 다른 사람의 말에 귀를 기울일 수 있게 된다. 배심원으로 일할 때, 피아노 연주회에 참가할 때, 친구와 수다를 떨 때 또는 세미나에 참석할 때 듣기 방법을 바꿀 수 있다면 더 좋지 않을까?

잘못된 듣기성향, 바꿀 수 있다

시간이 지나도 변하지 않는 성격이나 학습법과 달리 듣기성향은 쉽게 바꿀 수 있다. 우리는 이제 듣기성향이 바뀌는 이유들에 대해 알아볼 것이다. 듣기성향은 고정적이지 않고 바뀌는 것이기 때문에 사람들을 한두 가지 듣기성향에 따라 분류하지 않도록 주의해야 한다(예를 들어 마크는 내용 지향적인 반면 실라는 사람 지향적이라는 식으로 유형화하는 것). 듣기성향은 하루 중 어느 때인가, 청자에게 에너지가 어느 정도 남아 있는가, 어떤 상황과 환경에 놓여 있는가, 대화의 주제가 무엇인가에 따라 달라질 수 있기 때문에 그 사람의 듣기성향을 단정 짓는 것은 그릇된 인상을 심어줄 수 있다. 자신의 듣기성향을 알면 자신의 기본적 특성을 알게 되고 아울러 언제, 왜 듣기성향이 바뀌는지도 더 쉽게 인식할 수 있게 된다.

단 하나의 가장 좋은 방법은 없다

어떤 듣기성향을 좋다 혹은 나쁘다로 판단해서는 안 된다. 각각의 듣기성향은 긍정적인 면과 부정적인 면을 동시에 가지고 있다. 중요한 것은 말하는 사람의 성향에 맞추어 우리의 듣기성향을 바꿀 수 있다는 것이다. 우리가 말을 할 때도 똑같은 원칙이 적용된다. 듣는 사람들의 성향에 맞추어 메시지를 전달함으로써 쉽게 주의를 집중시킬 수 있고 더 쉽게 동의를 얻을 수 있으며 쉽게 물건을 팔 수 있고 더 밀접한 인간관계를 맺을 수도 있다. 4장에서는 우리와 다른 성향을 지닌 청자들에게 우리 자신을 맞추는 방법들을 알아볼 것이다.

시간적인 압박과 화자와의 관계가 듣기에 영향을 미친다

말하는 사람과의 관계뿐만 아니라 얼마나 오랫동안 상대방의 말을 들어야 하는가도 듣기에 영향을 준다. 예를 들어 납세 기간에 회계사들은 시간에 쫓긴 나머지 핵심에서 벗어나는 상대방의 말을 자르고 끼어들지 모른다. 또한 그는 고객과의 전화 통화를 줄이려 애를 쓸지도 모른다. 그러나 납세 기간이 지나고 스트레스가 덜한 시기가 오면 그는 다른 데 정신을 팔지 않고 오직 말하는 사람에게만 주의를 집중할 것이고 고객에게 먼저 안부전화를 할 것이다.

그러나 심한 압박을 느낄 때조차도 우리는 중요하게 생각하는 사람들 또는 우리에게 영향력을 가진 사람들에게는 귀를 기울인다. 예를 들어 관리자들은 비서에게 전화를 연결하지 말라고 하고서도 사장의 전화만은 시간을 내서 받는다.

듣기성향을 이해하면 기회가 생긴다

듣기성향은 습관이기 때문에 다른 사람의 말을 들을 때 꼭 그 방법대로 들어야 하는 것은 아니다. 누구든 어떤 방법으로 들을 것인지 선택할 수 있다. 잠시 생각해보라. 예를 들어 칵테일 파티에서의 대화가 논리적으로 진행될 것을 기대한다면 너무 비현실적이다. 자신이 선호하는 듣기 스타일을 강요하는 것은 사람들에게 좌절감만 불러일으킬 것이다. 마찬가지로 기술적으로 복잡한 문제를 설명하려면 60초 안에 끝내기 어려운 만큼 시간 지향적 청자들은 참을성을 가지고 이야기를 들어야 한다.

직장에서의 듣기 습관은 바꾸기 어렵다

회사의 중역들은 듣기성향을 바꾸는 것이 불가능하지는 않지만 상당히 어렵다는 것을 종종 깨닫게 된다. 왜냐하면 직장에서 하루 8시간씩 동일한 듣기 방식으로 지내다 보면 집에 돌아와서도 자신이 어떤 방식으로 가족들의 말을 듣고 있는지 종종 잊어버리기 때문이다. 많은 사람들이 더욱더 관심과 애정이 담긴 귀로 이야기를 듣는 대신 직장에서와 같은 방법으로 배우자, 자녀들, 친구들의 이야기를 듣는다. 직장에서는 별문제 없던 대답들이 집에서는 지나치게 비판적이고 평가적이고 판단적인 것으로 간주된다.

그와 같은 폐해를 인식하게 되면 사랑하는 사람들을 계속 부하직원처럼 다루는 것이 결코 바람직하지 않음을 깨닫게 될 것이다. 자신의 듣기성향과 그에 따르는 긍정적인 특성과 부정적인 특성을 모두 이해하면 긍정적인 특성들만 지속적으로 나타나게 할 수 있다. 또한 언제, 어떤 것이 자신의 특정한 듣기성향을 불러일으키는지 이해하면 좀더 쉽게 듣기 방법을 조절할 수 있게 된다.

듣기 습관 바꾸기

상대방을 짜증나게 하는 습관들이 있다면 과감히 버려야 한다. 하지만 그중에는 자신이 맡은 역할이나 상대방과 어떤 관계인가에 따라 버려서는 안 될 습관들도 있다. 예를 들어 재판관들은 증언을 들을 때 무표정한 얼굴을 함으로써 중립을 지켜야 한다. 재판관의 표정에 배심원들이 영향을 받을 수 있기 때문에 어떤 재판관은 판사석에 거울을 올려놓고 자신이 중립적인 표정을 짓고 있는지를 확인한다. 마찬가지로 수사관들은 피의자를 대할 때 자신의 감정을 감추려 애쓴다. 심지어 피의자들을 위협하거나 침착성을 잃게 하려고 의도적으로 그들의 말에 끼어들기도 한다. 협상가, 변호사, 중재자, 교도관들은 어떤 목적을 위해 의식적으로 상대방을 짜증나게 하는 듣기 습관을 갖기도 한다.

우리는 다른 사람과의 상호작용에 영향을 미치는 듣기 습관에 관심이 있다. 예를 들어 고용인들이 지속적으로 피고용인들의 말을 무시할 경우 더 이상 제안이나 아이디어를 공유할 수 없게 될지 모른다. 마찬가지로 10대들도 자신의 생각이나 느낌을 어른들과 공유하지 않는다. 그들에게 그 이유를 묻자 다른 견해를 제시하면 어른들이 귀를 막고 듣지 않기 때문이라고 대답했다. 만일 의사소통 통로를 열어두고 싶다면 남을 짜증나게 하는 듣기 습관은 없는지 스스로 살펴보아야 한다.

직업별, 성별로 듣기성향이 다르게 나타난다

우리는 거의 20년 동안 듣기성향을 관찰하고 평가했다. 수업이나 워크숍에서 듣기성향을 테스트하여 그 결과를 기록했는데, 경험에 따르면 대학생들은 일반적으로 사람 지향적 성향을 강하게 지니고 있다. 그러나 이런 성향은 전공을 정하고 그 분야의 경력을 쌓아갈 때 급격히 변하는 것으로 드러났다.

우리의 오랜 연구 결과에 따르면, 의대 1학년생의 듣기성향은 1학년 말이 되면 사람 지향적 성향에서 어떤 성향도 보이지 않는 쪽으로 변화하는 것으로 나타났다. 또한 전문적인 훈련과 전문 지식도 개인의 듣기성향에 영향을 주는 것으로 밝혀졌다. 워크숍에 참가한 사람들을 조사한 결과 서비스 직종에 종사하는 사람들은 사람 지향적 성향을 보여주고, 과학자들은 내용 지향적 성향을, 변호사나 재정분석가는 행동 지향적 그리고/또는 내용 지향적 성향을, 교사들은 사람 지향적 성향을, 기술자들은 내용 지향적 성향을 보였다. 한편 IT 직종에 종사하는 사람들은 내용 지향적 성향을 보이거나 아무런 성향을 보이지 않았다.

앞에서 언급했듯이 조사 대상의 대략 40퍼센트가 두 가지 이상의 강한 듣기성향을 보였고 40퍼센트가 한 가지 성향을 보였다. 이 중 사람 지향적 성향과 행동 지향적 성향이 가장 많았다. 약 25퍼센트는 두 가지 듣기 성향을 가지고 있었고, 약 15퍼센트는 셋 또는 네 가지 듣기성향을 가지고 있었다.

조사에 따르면 보통 남성들은 내용 지향적이거나 행동 지향적 듣기성향을 보이는 반면 여성들은 사람 지향적 듣기성향을 보이는 것으로 밝혀졌다. 둘 이상의 듣기성향을 가진 사람들을 조사한 결과 남성들은 행동 지향적 성향과 내용 지향적 성향이, 여성들은 사람 지향적 성향과 내용 지향적 성향이 복합적으로 나타나는 경우가 많았다. 또한 여성보다는 남성들이 특정한 듣기성향을 갖지 않은 경우가 많았다. 그러나 이런 결과는 어디까지나 미국인들을 대상으로 조사한 것이다. 문화적 차이가 듣기성향에 영향을 미친다는 점을 간과해서는 안될 것이다.

4

승리하려면 상대방의 듣기성향을 간파하라

듣기성향을 활용하는 3가지 원칙

지금까지 우리는 대화를 '입과 입'의 관계로 생각해왔다. 하지만 진짜 대화는 '귀와 귀'의 관계다. 상대를 알고 나를 알면 백전백승이라는 손자의 말처럼, 나와 상대방의 듣기성향을 대화에 적용하면 지금까지와는 전혀 다른 수준의 대화를 나눌 수 있다.

듣기성향이 자신과 다른 사람에게 어떤 영향을 주는가와 관련된 일반적인 원칙들을 살펴봄으로써 이 장을 시작해보자.

스트레스를 받을 때 듣기성향이 가장 뚜렷하게 나타난다

듣기 방법은 습관이기 때문에 스트레스를 받으면 대개 익숙하고 편안한 방식으로 돌아간다.

앨버트는 광고 에이전시의 프로젝트 매니저였다. 행동 지향적 청자인 그는 사람 지향적 성향을 개발하려 했다. 그는 볼티모어 광고협회 모임에서는 사람 지향적 청자가 되기로 마음먹었다. 모임이 시작되자 그는 사람들에게 개인적인 질문을 하고 다른 사람들의 아이디어와 무언의 분위기에 관심을 보이며 더 관계 지향적인 사람이 되려고 노력했다. 모임이 중반을 향해가자 경쟁사 직원인 새라가 두 명의 새로운 클라이언트를 끌어들였다는 이야기를 했다. 그 중 한 명은 앨버트의 클라이언트였다.

그 이야기를 듣는 순간 그는 충격을 받았다. 스트레스를 느낀 앨버트는 더 관계 지향적인 사람이 되려던 생각을 잊어버렸다. 그는 즉시 원래의 행동 지향적 성향을 보이기 시작했다. 심지어 다른 사람들의 말에 끼어들고 그들의 말투, 표정, 몸짓 등을 깡그리 무시해버렸다.

이러한 사례는 결코 남의 말 같지 않을 것이다. 다른 많은 사람들처럼 앨버트는 노력을 통해 다른 사람들에게 맞출 수 있었다. 그러나 스트레스를 받는 순간 그는 목표를 잊어버리고 예전의 모습으로 돌아갔다.

에너지가 달릴 때는 에너지 소모를 최소화하는 방법으로 듣는다

피곤하거나 아프거나 급한 일이 있거나 배가 고플 때 다른 사람의 말을 듣는 것이 얼마나 어려운지 떠올려보라. 이런 경우 몸 안의 에너지는 남의 말을 듣는 데보다는 몸이 제대로 기능하는 데 쓰인다.

컴퓨터 프로그래머인 허브는 사람 지향적 성향과 내용 지향적 성향을 지니고 있다. 독감으로 쓰러진 후에도 그는 새로운 생산 시스템 구축에 필요한 프로그램을 완성하는 데 부담을 느끼고 있었다. 조수인 미티가 무언가 물어보려고 전화했을 때 허브는 사정없이 쏘아붙이기 시작했다. 그는 퉁명스럽게 용건을 말하라고 했고 평소 같으면 아무 문제 없이 대답했을 질문에도 초조해했다. 허브는 듣고 말하는 데 쓸 에너지가 제한되어 있었기 때문에 즉각적으로 행동 지향적 성향을 보였던 것이다.

사람들은 편하지 않거나 아주 피곤할 때는 집중을 요구하는, 어려운 혹은 도전적인 듣기 상황을 피하고 싶어한다. 우리 자신이나 다른 사람에게서 이런 경향을 인식하게 되면 듣기의 효율성을 높이는 데 도움이 된다.

적응에는 연습이 필요하다

우리의 듣기 습관은 깊은 참호로 에워싸여 있다. 대개 우리의 듣기성향은 잘 작동한다. 그것들은 우리에게 가장 익숙한 습관이자 기술로서 사용하기에 가장 편리한 것이다. 그러나 우리의 듣기성향 때문에 효과적으로 의사소통하지 못하는 경우가 있다. 예를 들어 만일 사람 지향적 성향을 지닌 사람이 성격이 급한 행동 지향적 상사와 의사소통을 하려면 특별한 에너지와 집중이 필요하다. 또 만일 시간 지향적이거나 세부적인 것을 깊숙이 파고들어 가는 내용 지향적 청자와 대화를 나눈다면 쉽게 인내심을 잃고 좌절하게 될 것이다. 다른 사람에게 적응하기 위해 듣기 습관을 바꾸려면 상당한 연습이 필요하다.

　듣기성향은 각자의 말하는 방식에도 영향을 미친다. 우리는 말을 할 때 자신이 정보를 받아들이는 방식에 맞춰 정보를 전달하는 경향이 있다. 그러나 각자 자신의 듣기성향을 들여다본다면 말을 할 때 자신보다는 다른 사람들의 성향에 맞추어야 한다는 것을 알 수 있을 것이다.

대학교 2학년생인 로라는 밤에 커피숍에서 일한다. 그녀는 커뮤니케이션 관련 강좌에서 듣기성향에 대해 배운 후 추가 학점을 따기 위해 커피숍 손님들의 성향을 추측하고 거기에 따라 그 사람의 성향에 성공적으로 적응하는지를 기록하기로 했다. 시종일관 잊지 않고 손님들의 성향에 적응하는 데는 거의 3주가 걸렸다. 처음에는 손님이 몰려들기 시작하면 목표를 잊어버리곤 했다. 그러나 시간이 흐를수록 그녀는 더 자주 자신의 목표를 기억해낼 수 있었다. 그 결과 21일 만에 다른 습관들처럼 듣기성향을 추측하고 거기에 맞추는, 새로운 습관을 만들 수 있었다.

로라는 이와 같은 과정을 끝낸 후에는 규칙적으로 다른 사람의 듣기성향을 평가하고 거기에 적응할 수 있게 되었다고 말했다. 그렇게 함으로써 그녀는 새로운 친구를 사귀고 기존의 친구들과의 우정도 더욱 돈독히 할 수 있었다고 덧붙였다.

상대방의 듣기성향을 파악하라

진지하고 중요한 대화는 보통 상대방에 대한 탐색으로 시작된다. 철저히 준비하는 사람들은 사전에 이미 대화 상대에 대한 정보를 파악해놓곤 한다. 하지만 대화에 중대한 영향을 미치는 듣기성향은 아무래도 대화가 실제로 이루어지는 자리에서 파악할 수밖에 없다.

잘 모르는 사람들의 듣기성향을 정확하게 평가하기는 무척 어렵다. 하지만 언젠가 고용주나 고객, 심지어 연인이 될지도 모르는 사람과의 첫 만남은 그들의 듣기성향에 적응할 기회를 줄 뿐 아니라 특별한 훈련의 기회도 제공한다.

사무실(환경)을 살펴보거나 개인적 특징을 관찰함으로써 우리는 새로 만난 사람들과 최상의 방법으로 의사소통할 수 있게 된다. 새로운 사람을 만나는 것은 그 자체로 큰 스트레스가 되기 때문에 우리의 듣기성향은 평소보다 더 의사소통을 방해하는 경향이 있다.

프리츠는 백화점의 구매 책임자인 제럴드를 만날 때 다소 긴장했다. 그는 좋은 첫인상을 주는 것, 그 이상을 원했다. 점심시간에 차이나 스타에서 제럴드를 만난 그는 말을 멈추지 않고 했다. 사실 프리츠는 제럴드에게 잘 보이려고 애쓰다 그만 제럴드의 일정이 빡빡하다는 것을 알아차리지 못했다.

제럴드는 몇 번이나 시간이 빠듯하다는 암시를 보냈지만 프리츠는 그 것을 제대로 읽지 못했다. 결국 그는 거래를 성사시키지 못했다. 그는 나중에 (우리 세미나에 참석해서야) 제럴드의 시간 지향적 성향을 알아차리고 거기에 맞추지 못해 새로운 거래처를 뚫지 못했음을 깨달았다.

제럴드가 식당의 벽시계를 자꾸 쳐다보며 몇 번씩이나 이야기를 끝내려고 시도하는 것(그는 냅킨을 풀어 테이블 위에 내려놓고 의자를 뒤로 뺀 다음 웨이터를 찾았다)을 알아차리기만 했다면 그는 쉽게 제럴드의 시간 지향적 성향을 알아보았을 것이다. 제럴드의 시간 지향적 듣기성향을 알아차렸다면 프리츠는 재빨리 요점을 정리하고 미팅을 끝냈을 것이다. 새로 사귄 사람의 듣기성향을 알아내고 거기에 맞출 수 있다면 인간관계를 맺거나 새로운 거래처를 만드는 데도 도움이 된다.

어떻게 듣기성향을 알 수 있을까?

이제 사람들의 기본적인 듣기성향을 알아맞힐 수 있는 단서들로는 어떤 것들이 있는지 알아보자. 모든 단서가 맞는 것은 아니다. 사실 환경과 관련된 단서 중에는 그릇된 인상을 줄 수 있는 것도 있다. 예를 들어, 사무실로부터 얻은 단서를 활용하여 그 사람의 듣기성향을 추측하기 전에 먼저 누가 사무실을 장식했는지, 사무실 주인이 직접 했는지 아니면 다른 사람이 한 것인지를 알아야 한다. 우연에만 의존하지 말고 좀더 신뢰성 높은 추측을 할 수 있도록 다음에 제시되는 단서를 사용하라. 만일 상대방의 성향을 부정확하게 추측했다면 피드백을 통해 수정하라. 그러면 다음에 그 사람과 대화를 나눌 때 도움이 될 것이다.

평소에 다른 사람의 성향을 알아맞히는 훈련을 하다 보면 추측의 정확성도 높아질 것이다. 연습하기 전에 먼저 한 사람을 정하라. 앞에서 제시한 단서를 사용하여 그 사람이 기본적으로 사람 지향적, 행동 지향적, 내용 지향적, 시간 지향적 듣기성향 중 어디에 속할지를 추측해보라. 그 사람의 성향을 결정하고 나면 그 정보를 활용하여 더 효과적으로 그 사람과 의사소통할 수 있을 것이다.

친한 사람일수록 그의 말을 잘 안 듣게 될 가능성이 높다. 친구, 동업자, 사랑하는 사람과의 관계가 쉽게 흔들리는 것은 바로 그 때문이다. 물론 많은 시간을 함께 보낸 사람일수록 그의 듣기성향에 대해 좀더 근거 있는 추측을 할 수 있게 된다. 그러나 미리 예단하거나 성공적인 의사소통을 당연한 것으로 받아들일 위험도 그만큼 커진다(불행하게도 현실에서는 그런 일이 자주 벌어진다). 또한 실제로는 그 사람의 듣기성향을 알지 못하면서 안다고 착각할 수도 있다. 스스로에게 다음과 같은 질문을 해보라.

❶ 가장 친한 친구에게 자신의 말을 기억하게 하려면 어떤 방법으로 말을 해야 할까?

❷ 배우자나 사랑하는 사람이 당신의 아이디어를 받아들이도록 하려면 어떤 방법으로 아이디어를 제시해야 할까?

❸ 동업자 사무실의 어떤 부분을 보고 그가 사람 지향적인지, 행동 지향적인지, 내용 지향적인지, 시간 지향적인지를 추측할 수 있는가?

❹ 친구들의 어떤 특성을 보고 그들의 듣기성향을 추측하는가?

이런 질문들에 대답을 하지 못했다면 앞서 설명했던 듣기성향별 특징에 대한 분석을 다시 읽어보라. 그리고 다시 한 번 시도해보라.

상대에 따라 대화법을 바꿔라

말할 때 상대방의 듣기성향에 맞추라

주어진 정보를 최대한 활용하여 다른 사람의 듣기성향을 추측했다면 대화를 자신에게 유리하게 이끌어갈 준비가 된 것이다. 미리 상대방에게 이야기를 전달할 수 있는 최선의 전략을 정하라. 어떤 사람은 듣는 것을 좋아하지 않기 때문에 그를 즐겁게 하거나 대화에 몰입시킬 방법을 생각해내야 할지 모른다. 또 어떤 사람들은 고도로 구조화된 프레젠테이션을 필요로 할지 모른다. 그렇다면 다음과 같은 전략을 사용해보라.

사람 지향적인 상대방을 대하는 전략

- 인간적 가치를 포함하는 이야기를 하거나 그림을 보여준다.
- 나보다는 우리라는 단어를 사용한다.
- 성보다 이름으로 부른다.

● 유머를 활용할 때도 자기를 내세우지 않는다.

행동 지향적 상대방을 대하는 전략

● 전하려는 내용이 세 가지를 넘지 않게 한다.

● 짧게 프레젠테이션을 하거나 바로 본론을 제시한다.

● 빠르지만 절제된 속도로 말한다.

	사무실 / 환경적 단서	개인적 단서
사람 지향적	벽에 개인적인 사진이 걸려 있다. 방이나 책상에 개인적인 물건들이 놓여 있다. 책상이 지저분하다.	시선을 마주친다. 억양이 다양하다. 동의의 표시로 자주 미소를 짓거나 고개를 끄덕인다.
행동 지향적	책상에 정리함이 놓여 있다. 벽에 학위 증명서가 걸려 있거나 일과 관련된 사진이 걸려 있다. 서가가 짜 맞추어져 있다. 책상이 깨끗하다.	힘차게 악수한다. 약간 빠른 속도로 이야기한다.
내용 지향적	책상 위에 서류들이 깔끔하게 쌓여 있다. 책상 근처에 참고 서적들이 놓여 있다. 컴퓨터가 항상 켜져 있다.	얼굴 표정이 심각하다. 목소리가 도전적, 또는 호전적이다. 이야기를 들으며 자주 위를 쳐다본다.
시간 지향적	방 안에 하나 이상의 시계가 있다. 비서가 인터폰으로 약속시간을 알려준다. 컴퓨터나 시계에 알람기능을 설정해 때가 되면 울리게 한다.	자주 시계를 본다. 참을성 없는 표정을 지어 보인다. 시간을 알려주는 장치를 사용한다.

내용 지향적 상대방을 대하는 전략

- 신뢰성 있는 자료를 제시한다.
- 신뢰할 만한 전문가의 말을 인용한다.
- 차트와 그래프를 사용한다.

시간 지향적 상대방을 대하는 전략

- 가능하면 정해진 시간보다 빨리 끝내고자 노력한다.
- 불필요한 예나 정보는 삭제한다.
- 상대방이 대화를 끝내고 싶다는 비언어적 단서를 보내지는 않는지 계속 주시한다.

기억하라. 누구든 잘못되거나 부정확한 평가를 내릴 수 있다. 상대방은 다중적 듣기성향을 가지고 있을지 모르고 혼란스러운 혹은 모순된 단서 들을 보여줄지 모른다. 당신의 전략이 효과가 있는지 알고 싶다면 계속 피드백을 하라. 만일 당신의 전략이 효과가 없다면 즉시 다른 전략으로 바꾸라.

다중적 듣기성향을 보이는 사람에게 맞추려면

앞에서 우리는 각각의 듣기성향이 서로를 보완하거나 서로 모순이 되는 상황들에 대해 설명했다. 다중적 듣기성향을 지니고 있을 때 몇 가지 요 소들, 즉 제한된 시간, 상황, 곁에 누가 있는가 등에 따라 특정한 성향을 표출하게 된다. 다중적 성향은 상황에 따라 각각의 다른 반응을 내보이는 다중적 습관에 불과하다는 사실을 기억하라. 상황에 따라 하나의 성향이 주도적 역할을 한다는 사실을 알게 되면 당신은 어떻게 다른 사람의 성향에 맞출 것인지 의식적으로 선택할 수 있게 될 것이다.

여러 사람을 상대하는 데도
비법은 있다

듣기성향을 알면 일대일로 의사소통을 하는 데 도움이 된다. 그러나 한 사람 이상을 상대할 때는 일대일로 의사소통할 때와는 다른 어려움이 따른다. 다수의 청중은 서로 다른 경험을 가지고 있고 교육수준과 성이 다른 다양한 인종의 개개인으로 구성되어 있으며, 듣기성향도 천차만별이다. 스태프 미팅, 가족 모임, 대중 강연에 참가할 때 듣기성향에 대한 몇 가지 사항을 알아두면 훨씬 성공적인 결과를 이끌어낼 수 있다.

첫째, 세 명 이상이 모였을 때 그들 개개인은 다중적이거나 서로 다른 듣기성향을 가지고 있다는 사실을 기억해야 한다. 둘째, 당신은 모든 사람들이 당신에게 시종일관 귀를 기울이는 것을 목표로 하고 있을지 모른다. 그러나 그것은 비현실적이고 이상적인 목표에 불과하다.

다음은 서로 다른 듣기성향을 지닌 사람들을 상대로 말을 해야 할 경우 참고할 만한 제안들이다.

청자 분석을 미리 해둔다

먼저 어떤 사람들이 당신의 말을 듣게 될지 생각해보라. 당신의 청자가 어떤 사람들인지 알아야 그들의 수준과 요구에 맞춰 대화를 이끌어갈 수 있다. 스스로에게 다음과 같이 질문해보라.

- 누가 참석할 것인가?
- 그들은 자발적으로 참가하는 것인가?
- 그들은 무엇 때문에 그리고 무엇을 얻기 위해 이 모임에 참가하는가?
- 그들의 직업이나 관심 사항을 고려할 때 그들 개개인은 어떤 듣기성향을 가지고 있을까?
- 어떤 방식으로 말하는 것이 가장 효과적일까?

이러한 사항들을 사전에 알 수 없는 경우라면 청자들과 대면한 자리에서 즉시 듣기성향을 파악해야 할 것이다. 미리 모임 장소에 나가도록 하라. 그리고 청자들과 어울려 어떤 접근방식이 가장 효과적일지 알아내라. 주저하지 말고 질문을 던지고 그 반응에 기초하여 사람 지향적, 행동 지향적, 내용 지향적, 시간 지향적 성향 중 어느 것에 더 중점을 둘지 정하라.

다양한 접근법을 사용하라

많은 사람들이 뷔페를 좋아한다. 왜냐하면 자신의 취향대로 골라 먹을 수 있기 때문이다. 입맛이나 취향과는 상관없이 당신도 먹을 만한 것을 찾아낼 수 있을 것이다. 마찬가지로 여러 사람들로 구성된 집단을 상대로 말할 때는 각자의 듣기성향을 조금씩 맞춰주는 것이 좋은 전략이다.

프레젠테이션을 준비하는 동안 제시는 청자들을 아주 주의 깊게 분석한다. 그녀는 일곱 명으로 구성된 태스크 포스 팀이 참석할 것을 알고 있다. 의장이자 중요한 의사결정자인 닐스는 내용 및 시간 지향적 듣기성향을 지니고 있다. 부의장으로 표결권이 있는 두 사람, 카르멘과 랠프는 행동 지향적 듣기성향을 보인다. 사람 지향적 성향을 지니고 있는 지나는 닐스의 비서로서 그의 결정에 자주 영향력을 행사하곤 했다. 다른 두 사람은 회의에 참석하지 않다가 이번만은 출석하여 표결에 참가할 것을 요구받았다.

　모든 팀원들이 참가한 가운데 실시되는 이번 프레젠테이션은 제시에게 정말 중요한 것이었다. 오늘 그녀의 목표는 특히 닐스와 그의 비서인 지나이다. 주어진 시간은 30분. 그녀는 자료를 나누어주고 영상자료를 활용하여 10분 만에 프레젠테이션을 끝낼 계획이다. 닐스의 성향에 맞춰 자신의 생각을 짜임새 있게 정리하고 믿을 만한 전문가의 말을 인용할 것이며 사실적이고 구체적인 정보로 각각의 논점을 뒷받침할 것이다. 또한 그녀는 지나를 고려하여 직함이나 성 대신 이름으로 태스크 포스 팀 구성원을 부를 것이고 개인적인 사례를 들 것이며 자주 그녀를 바라보거나 그녀를 향해 미소를 지어줄 것이다. 되도록이면 역동적으로 자신의 의사를 전달할 것이고 청자들이 자신의 말에 귀를 기울이도록 할 것이다.

목표로 삼은 청자에게 맞추라

제시는 태스크 포스 팀 전원이 귀를 기울이도록 다양한 전략을 사용하는 한편 닐스와 지나를 가장 중요한 목표로 삼고 있다. 되도록 모든 청자들이 귀를 기울이게 하면서 자신이 목표로 삼은 청자에게 좀더 주의를 집중해야 한다. 모든 사람을 만족시킬 수는 없기 때문에 누구를 가장 중요하게 생각할 것인지 결정하고 이들에게 초점을 맞추어야 한다.

간결하고 요점에서 벗어나지 않게

어떤 듣기성향에 맞추어 이야기를 하든 간결하고 요점에서 벗어나지 말아야 한다. 사람 지향적이거나 내용 지향적 듣기성향을 가진 사람들은 프레젠테이션이 좀 길어져도 귀를 기울여준다. 그러나 청중이 자신의 말에 더 이상 귀를 기울이지 않는 순간이 오기 전에 말을 멈추는 것이 좋다. 이 점만 기억하면 자신의 말이 끝나는 순간까지 청자들의 귀를 붙잡아둘 수 있을 것이다.

서로 다르다는 것을 받아들여라

모든 사람들의 듣기성향이 같다면 대화는 더 쉬워지는 대신 아마 매우 지루할 것이다. 처음에는 서로의 듣기성향을 정확하게 파악하는 것이 무척 어렵게 느껴질 것이다. 듣기성향을 파악하기 위해서는 노력이 필요하지만 요령을 터득하면 남들보다 경쟁에서 앞서갈 수 있다. 처음 다른 사람의 듣기성향을 파악하고 거기에 적응하려다 보면 실수도 할 것이다. 또한 자신이 터득한 것을 어떻게 활용해야 할지 몰라 갈팡질팡할 수도 있다.

듣기성향을 잘못 파악하거나 한 사람 안에 다양한 성향이 동시에 존재할
수 있다는 사실을 망각할지도 모른다. 그러나 포기하지 않고 노력한다면
당신 자신 그리고 다른 사람들의 듣기성향을 이해하는 것이 얼마나 가치
있는 일인지 알게 될 것이다.

감정이입적 경청으로
듣기 능력을 향상시켜라

경청의 기술 가운데 가장 중요하고 기본이 되는 것은 바로 감정이입적 경청(empathetic listening)이다. 우리는 이를 통해 공감대 형성이라는, 경청을 위해 가장 필요한 기본 전제를 갖추게 된다. 저명한 정신과 의사인 칼 로저스는 생전에 감정이입적 경청의 중요성을 인식하고 이를 임상적으로 활용했다.

그것은 특별한 훈련이나 기술을 필요로 하지 않는다. 상대방이 말한 것(paraphrasing, 바꿔 말하기)과 상대방의 느낌(reflecting, 반사하기)을 그에게 되풀이해서 들려주고 되풀이해서 보여주면 된다. 이처럼 간단한 두 가지 방법을 통해 자기수용과 자기이해가 놀랄 만큼 향상된다.

감정이입적 경청을 한다고 해서 타인의 감정을 책임져야 한다는 부담을 느낄 필요는 없다. 우리는 심리치료사가 아니며, 환자가 될 필요도 없다.

다음을 읽고 화자가 무엇을 말하는지 그리고 무엇을 느끼는지 묘사해보라.

"다음 주부터 봄방학이 시작됩니다. 봄방학이 되면 대학에 다니는 쌍둥이들이 집에 돌아오기로 했거든요. 그래서 봄방학을 손꼽아 기다렸는데 지난밤 그애들의 전화를 받았어요. 친구들과 해변으로 놀러가기로 해서 집에는 오지 못한다고 하더군요."

말한 것 ____

느낀 것 ____

"브렌트 캘러웨이를 아십니까? 그애는 얼마 전에 물리학 박사학위를 받았습니다. 캘러웨이는 가족 중에 유일하게 대학에 들어간 아이였지요. 나는 그애의 고등학교 선생님이었는데, 그애가 장학금을 받도록 도와주었습니다."

말한 것 ____

느낀 것 ____

"아내가 한 번만 더 코를 골아 잠을 깨운다면 나는 차고에 가서 잘 것이다. 잠을 설쳤더니 너무 피곤해서 직장에서 일을 할 수가 없다."

말한 것 ____

느낀 것 ____

"방금 임신 소식을 들었어요. 지난 3년 동안 아이를 가지려고 노력했는데, 드디어 가족들에게 기쁜 소식을 전할 수 있게 되었어요."

말한 것 ____

느낀 것 ____

대부분의 사람들은 상대방의 감정을 묘사하는 것보다는 상대방의 말을 되풀이하는 것이 더 쉽다고 느낀다. 앞의 문장들에 표현된 감정은 각각 실망, 자랑스러움, 좌절, 기쁨이다.

'바꿔 말하기'는 상대방의 말에 귀 기울이고 있음을 표현해주는 동시에 상대방이 말한 내용을 잊지 않도록 도와준다. 상대방의 말을 들은 후 "그러니까 네 말은 다음 주에나 산에 갈 수 있다는 거지?" "그러니까 9시 30분까지 회의에 참석하라는 거지?"라고 '바꿔 말함'으로써 상대방이 전하고자 하는 메시지를 명확히 한다. 상대방의 말을 어느 정도 이해했는지 모르고 넘어갈 경우 우리는 메시지를 잘못 해석하거나 세부사항을 놓치거나 신뢰감을 잃게 되어 결국 의사소통에 실패하게 된다. 질문을 하고 글로 써보고 들은 내용을 요약함으로써 우리는 메시지가 정확하게 해석되었는지 확인할 필요가 있다.

바꿔 말하기에는 다음과 같은 전략이 포함된다.

- 자신의 말로 요약한다.
- 상대방의 생각이나 말을 반복하여 그에게 들려준다.
- 상대방이 일반적인 이야기를 했다면 좀더 구체적인 예를 요구한다.
- 다양한 의미를 지닌 단어가 있을 경우 그 뜻을 확인한다.
- 상대방의 견해를 분석하거나 인정한다.
- 양해를 구하는 말을 덧붙여 자신이 상대방의 말을 제대로 이해했는지 점검한다(예를 들면 "내가 당신의 말을 정확하게 이해한 건지 모르겠는데……" "그러니까 당신 말은 ……라는 거지요?" "그래서 당신이 하고 싶

은 말은……").

노라 로버츠의 소설 《이너 하버 Inner Harbor》에는 '바꿔 말하기'와 '반사하기'의 효과를 보여주는 장면이 나온다. 소설에서 필립은 이렇게 말한다.

"……너는 착한 딸이잖아. 아니 세상에 못된 딸도 있나?"

"우리 언니는 까다로워. 언니는 부모님을 실망시켰지. 그리고 부모님은 언니에게 실망하면 할수록 나에게 더 큰 기대를 가지셨고."

"그래, 너만은 완벽할 거라 기대하셨지."

"맞아. 하지만 나는 완벽해질 수 없었어. 완벽해지고 싶었고 완벽해지려고 노력했지만 그러지 못했어. 실패한 거지. 그게 실패가 아니면 뭐겠어?" 그녀는 생각에 잠겼다.

필립이 그녀의 느낌을 정확하게 다른 말로 표현하자 그녀는 긍정적으로 반응하며 그가 자신의 감정을 공감할 수 있도록 이야기를 계속 들려준다. 필립은 그녀가 말로 표현하지 않은 비언어적 메시지를 명확히 하기 위해 질문을 던지고 '바꿔 말하기'에서 '반사하기'로 넘어간다.

"……그래서 무슨 일이 벌어졌어?"

그녀가 얼굴을 찡그리자 그가 물었다.

"아무 일도. 그냥 엄마는 나에게 화가 났어. 내가 항복하고 엄마가 원하는 대로 한다면…… 아니, 그럴 수는 없어. 하지 않는 게 아니라 할 수 없는 거라고."

"그래서 너는 죄책감과 슬픔을 느끼지."

"그리고 엄마와의 관계가 예전 같지 않을까 봐 걱정이 돼."

그녀의 느낌을 정확하게 확인하고 표현함으로써 필립은 그녀의 감정을 그대로 반사해 보여주었다. 이렇게 상대방의 감정을 반사함으로써 더 깊이 있는 대화를 나눌 수 있다. 상대방의 감정 상태를 정확히 지적해주면 그는 자신이 이해받고 있다고 느끼며 더 나아가 스스로를 더 잘 이해하게 된다.

단어나 문장을 반복할 때는 말 속에 담겨 있는 상대방의 감정을 파악하는 것보다는 정보를 확인하는 것이 훨씬 쉽다. 반사하기를 통해 표피적인 관계는 친밀해지고 상대방이 말한 것의 핵심을 파악할 수 있게 된다.

래시는 젊지만 다른 사람의 기분을 알아채고 사려 깊은 질문을 던질 줄도 안다. 몇 분만 이야기를 나눠도 사람들은 그녀를 오랜 친구처럼 느낀다. 그녀는 자신의 이야기를 하는 대신 상대방의 말에 귀를 기울인다. 그러면 사람들은 가장 가까운 친구들에게만 털어놓는 이야기까지 그녀에게 들려준다. 그리고 그들은 자신들도 래시를 아주 잘 알게 되었다고 생각한다.

다른 사람의 기분을 알아낸다는 것은 모두에게 위협일 수 있다. 그러나 대개의 경우 사람들은 상대방이 자신들의 기분을 공감하고 있음을 알아차리면 안도감을 느낀다. '반사하기'의 방법에는 다음과 같은 것이 있다.

- 지금 화자의 기분이 어떨지 자문해본다.

- 화자의 견해를 분석한다.

- 상대방이 하는 말과 그의 말투, 표정, 몸짓 등에 모순은 없는지 살펴본다.

- 화자의 감정 상태를 묘사한다(예를 들면 "당신이 느끼기에는……" "당신은 기분이 ……한 것 같은데요?" "당신은 ……라고 느끼는 것 같은데 맞나요?")

- 상대방의 행동과 일치되는 말투, 표정, 몸짓 등을 사용한다.

감정이입은 타고난 재능이 아니다

병원 직원들을 상대로 강연을 할 때 종종 이런 질문을 받는다. "감정이입은 배울 수 있는 것인가요, 아니면 타고나는 것인가요?" 대답은 두 가지 모두 "예"이다. 사람들은 훈련을 통해 더 감정이입적인 반응을 보일 수 있다. 그런가 하면 천성적으로 더 감정이입을 잘하는 사람도 분명 있다.

감정이입이라는 단어는 종종 동정이라는 단어와 혼동하기 쉽다. 케네스 호크가 세운 스티븐 봉사회는 기독교적 박애 정신을 기반으로 50시간 이상 감정이입적 듣기 기술을 훈련받는다. 이 봉사회는 다음과 같은 식으로 감정이입과 동정을 구분한다.

먼저 도랑에 빠져서 생명의 위협을 받는 사람을 상상해보라. 그는 감정적으로도 몹시 힘든 상황이다. 동정심을 품은 구조자는 그 사람이 빠진 도랑에 직접 들어가 그가 겪고 있을 감정을 함께 느낄 것이다. 그리고 그 고통까지 함께 경험할 것이다. 반대로 감정이입을 하는 구조자는 그냥 도랑가에 서 있을 것이다. 그는 더 좋은 위치에서 도랑에 빠진 사람을 구할 것이고 감정적인 고뇌에도 흔들리지 않을 것이다.

로버트 칵허프는 감정이입이 인간관계에 어떻게 도움을 주는지에 대해
25년 이상 연구했다. 그는 상대방의 말에 대한 어떤 반응이 효과적인지를
측정할 수 있는 일련의 척도를 제시했다. 이 척도를 통해 얼마나 감정이
입이 되어 있는지, 얼마나 따뜻한 감정이 담겨 있는지, 얼마나 존경심이
들어 있는지 등을 측정할 수 있다. 그리고 이러한 반응은 아주 효과적인
것에서부터 비효과적인 것까지 단계별로 나타낼 수 있다.

등급	반응의 예
1단계 • 다른 사람을 공격하거나 상처를 준다. • 다른 사람들은 그가 입을 벌리지 않기를 바라게 된다.	• "우리는 서로를 잘 알고 있어서 골치 아프거나 감정을 상하게 하는 일을 벌일 필요가 없다."
3단계 • 표면에 드러난 느낌과 메시지에 정확하게 반응한다. • 원래의 진술에서 한 걸음 더 나아간 반응을 제공하지 못한다.	• "팀워크를 다지기 위해 단합대회 일정을 잡고 싶고 프로젝트에서 각자가 맡은 역할을 보고서로 작성해 제출하라는 거지요."
6단계 • 언어적, 비언어적 메시지에 주목한다. • 사람들이 새로운 통찰과 인식을 얻도록 돕는다. • 쉽게 표현되지 않는 감정과 메시지를 확인해준다.	• "당신이 이 팀의 일원이 되어 정말 흥분되고, 더 많은 것을 성취하기를 바랍니다. 만일 각자의 역할을 명확히 하고 우리가 어떻게 일을 해나갈 것인지 구체화해놓지 않는다면 예전의 의사소통 방식에서 탈피하지 못할까 봐 당신은 걱정을 하고 있죠. 당신은 지위 보고서를 보고 우리가 어떤 사람이고, 이 프로젝트에서 맡은 역할이 무엇인지 알고 싶은 거죠."

상호작용의 목표는 신뢰를 구축하고 자기를 탐구하며 상대를 이해하는 것이다. 최소한 3단계는 되어야 효과적인 반응이라 할 수 있다. 다음 예를 읽고 도표를 참고하여 각각의 반응들이 어떻게 평가될 수 있을지 생각해 보라.

5

경청할 여력이 없다면
절대로 대화하지 마라

경청 없는 대화는 언제나 실패한다

사람이 하는 생각과 행동의 성패는 에너지가 얼마나 충분한가에 달려 있다. 아무리 좋은 계획도, 아무리 좋은 원칙도 실천을 위한 에너지가 남아 있지 않다면 그림 속의 떡일 뿐이다. 대화도 마찬가지다. 에너지가 충분하다면, 특히 상대방의 말을 경청할 에너지가 충분하다면 우리는 최상의 결과를 얻을 수 있다. 억지로, 짜증스럽게 대화를 하고 나면 늘 심한 후유증을 치르곤 한다. 생산적인 합의도, 가슴 따뜻한 화해도, 시원한 설득도, 짜릿한 승리도 모두 경청의 에너지를 충전해야만 얻을 수 있다.

세 살배기 아이를 둔 제인은 오전에는 아이가 왜라는 질문을 해도 다정하게 대답을 해주지만 오후 4시쯤 되면 아이의 똑같은 질문에 소리를 지르며 짜증을 낸다. 왜 그런 것일까? 청소년들의 후견인을 맡고 있는 안드레아는 주초에는 아이들이 심술궂은 말을 해도 너그럽게 받아들이지만 금요일쯤 되면 그들의 말에 예민하게 반응한다. 왜 그런 것일까? 캐런은 어떤 날에는 집행위원회에 참석해서 딴 생각만 하지만 어떤 날에는 전혀 딴 생각을 하지 않고 회의에만 집중한다. 왜 그런 것일까?

인간의 모든 활동은 '에너지'를 필요로 한다. 에너지의 양과 질, 공급 속도 등이 우리가 하는 일의 질과 성패를 좌우한다. 듣기도 마찬가지다. 언제, 어떻게 남의 말에 귀를 기울이느냐는 전적으로 에너지의 질에 달려 있다. 우리는 하루 종일 신체적, 감정적, 지적 에너지를 소모한다. 남의 말을 잘 듣기 위해서는 이런 세 가지 형태의 에너지가 필요하다.

독감에 걸린 모니크의 사례를 들어보자. 병을 치유하기 위해 그녀의 몸은 휴식을 필요로 했다. 그러나 기한 내에 자신이 맡은 프로젝트를 완성해야 했기 때문에 모니크는 병실에서 리포트를 작성하기로 했다.

열이 나고 한기를 느끼면서 너무 많은 에너지를 빼앗긴 모니크는 명확 하게 사고를 할 수 없었다. 그녀는 몇 통의 전화를 받은 후 리포트 작성에 전념하려 했지만 방금 들은 내용도 잊어버리곤 했다. 그녀는 생각을 하고 남의 말을 들을 충분한 에너지가 없었던 것이다. 또한 감정 에너지도 고 갈되어 있었다. 정상적인 상황에서라면 쾌유를 비는 전화를 받고 감격했 겠지만 일에 쫓기는 그녀에게 그런 전화는 방해꾼으로만 여겨졌다. 다른 사람들이 무슨 말을 했는지 기억해내고 정신을 집중하는 것도 어렵기 짝 이 없었다. 또한 자신이 다른 사람들을 참을성 없게 대한다는 것을 깨닫 고는 좌절감을 느꼈다.

모니크는 그냥 들을 에너지는 있었지만 완전히 정신을 집중해서 들을 정도의 에너지는 없었다. 불행히도 우리가 정신을 집중해서 들을 정도의 에너지를 지니고 있는지 그렇지 않은지를 다른 사람들은 모른다. 따라서 의미 있는 상호작용을 원한다면 자신의 에너지 수준을 스스로 점검해보아야 한다.

부부가 사이좋게 지내려면 밤 10시 이후에는 민감한 문제에 관해 대화하지 말라는 속설이 있다. 이는 매우 지혜로운 조언이다. 감정적인 에너지와 지적인 에너지가 낮을 때 사람은 초조, 흥분, 적대감이 높아진다. 피곤할 때 남의 말에 귀를 기울이는 것이 얼마나 어려운지 알 것이다. 또한 피곤할 때 무의미한 말다툼을 하거나 짜증을 내거나 토라지기는 얼마나 쉬운가? 잠자리에 들기 직전, 문제를 풀고 명확하게 생각하며 뭔가를 기억하는 대부분의 에너지가 몸에서 빠져나간다.

듣는다는 것은 말하는 것 이상으로 엄청난 에너지를 필요로 하는 활동이다. 램프 속에 기름이 있으면 불꽃은 꺼지지 않는다. 그러나 기름이 떨어지면 불꽃은 꺼진다. 사람은 얼마나 주의력을 발휘할지 스스로 결정할 수 있으며 이는 '자유의지'라는 말로 표현되기도 한다. 사람은 자신의 주의력을 통제할 수 있다. 그러나 그렇게 하려면 에너지가 필요하다.

매일 아침 우리는 충전된 배터리처럼 에너지가 가득 채워진 상태에 있다. 중요한 회의나 미팅이 아침에 잡히는 이유가 바로 여기에 있다. 매일 그의 내부에서 일어나는 온갖 '작업들'은 에너지를 얼마나 보유하고 있느냐에 따라 그 질이 결정된다. 일단 이 에너지를 다 쓰고 나면 보충하기가 어렵다.

들을 '여력'이 없다면
절대로 대화하지 마라

우리는 가장 친밀한 사람들의 말을 가장 성의 없게 듣기 쉽다. 직장 상사나 부하직원의 말보다 배우자의 말을 소홀히 듣는 사람이 대부분일 것이다. 우선은 직장 일처럼 공적인 대화에 비해 긴장감이 높지 않고 책임져야 할 게 별반 없어서일 것이다. 하지만 우리는 온갖 공적인 대화를 하느라 지친 상태에서 친밀한 사람들을 만날 때가 많은데, 이것이 더 핵심적인 원인일 것이다.

무수한 가정불화의 원인인 대화 부족은 이른바 '들을 여력'이 별로 없다는 데서 기인한다. 대개의 경우, 남자들은 집에 들어가서 대화하기를 꺼린다. 집에서 일하는 전업주부들의 경우, 사랑하는 남편과 대화를 하면서 그를 위로하고 싶어한다. 그러나 밖에 있다 들어온 남편들은 입을 닫은 채 멍하니 있는 것으로 피로를 푼다. 인터넷을 하거나, TV를 시청하는 것이 그들의 피로 회복법이다. 결국 이렇게 하다가 부부 사이에는 건널 수 없는 강이 흐르게 된다.

흥미롭게도 천성적으로 남의 말에 귀를 잘 기울인다는 여성들도 그런 경우가 많다. 하루 종일 대화를 하느라 지치면 도저히 귀가 열리지 않는 것이다.

한번은 셸리가 지친 발걸음으로 우리 사무실에 들어오더니 의자에 털썩 주저앉았다. "더는 못 참겠어! 지난주에는 다들 컴퓨터 시스템을 새로 설치하는 것 때문에 불평을 늘어놓더니 이번 주에는 새 컴퓨터 시스템이 설치되기 전에는 일처리 속도가 얼마나 늦었는지 떠들어대고 있잖아. 그 불평꾼들 이야기를 들어주는 게 지겨워. 나도 이젠 지쳤다고."

다른 사람의 말에 힘겹게 귀를 기울이는 일이 반복되다 보면 관계를 망치기 십상이다. 너무 오랫동안 상대방의 말에 귀를 기울이다 보면 우리는 피로를 느끼게 된다. 남의 말에 귀를 기울이는 데도 에너지를 공급받아야 하지만 대부분 그 사실을 깨닫지 못한다. 그 때문에 우리는 에너지가 빠져나가게 내버려둔 채 새로운 에너지를 공급받지 않는다.

어느 날 샌디는 시어도어의 방문을 받았다. 그녀는 아무 생각 없이 그의 이야기에 귀를 기울이기 시작했다. 방금 긴 회의를 끝마친 뒤라 에너지가 모두 빠져나간 상태였다. 하지만 그녀는 자신의 에너지 탱크가 거의 비어 있다는 사실을 미처 깨닫지 못했다. 시어도어는 샌디가 약간 짜증스러워 하는 것을 알아차렸지만 그 이유는 알지 못했다. 단지 자신의 걱정거리

따위에는 관심이 없는 것이라고 속단했다. 자연히 그녀에게 속마음을 털어놓고 싶은 생각이 싹 달아나버렸다. 하지만 샌디는 시어도어의 변화를 알아채지 못했다.

자신이 맡은 역할을 성공적으로 수행하기 위해서는 하루 종일 에너지가 고갈되지 않도록 주의를 기울여야 한다. 직장에서 수행해야 할 역할이 힘겨운 것이라면 가족이나 친구들의 말에 귀를 기울여줄 에너지는 거의, 또는 아예 남아 있지 않을지도 모른다.

에너지를 갉아먹는 원천에 주의를 기울여라

1970년대 오일쇼크가 일어났을 때 사람들은 당시 확보하고 있던 에너지를 잘 활용하는 것도 새로운 에너지원을 개발하는 것만큼이나 중요하다는 사실을 깨달았다. 이러한 사실은 듣기 에너지에도 적용된다. 걱정, 불안, 피로 같은 내부적 요인들이 우리의 에너지를 고갈시킨다. 에너지를 고갈시키는 외적 요인으로는 분쟁, 소음, 시간적인 압박 등이 있다. 특히 사람은 에너지를 빼앗기는 가장 큰 원인이다. 즉, 감정적인 말을 들을 때 또는 거만하거나 이기적인 사람을 상대할 때 에너지가 고갈되기 쉽다. 사람과의 접촉이 많은 직업을 가진 경우에는 하루 종일 에너지가 소모된다.

체리즈는 오후 4시에 잡혀 있는 교사와의 면담에 늦지 않기 위해 서둘러 길을 나섰다. 여섯 살짜리 아들 찰리가 글을 잘 읽지 못했기 때문에 담임 교사가 수요일 방과 후에 면담을 요청했던 것이다. 길도 막힌 데다 10번

가에서 가벼운 접촉사고까지 나는 바람에 그녀는 길을 우회해 학교로 갔다. 학교에 도착하자 아이들은 막 수업을 끝내고 교실을 빠져나가고 있었다. 아이들이 시끄럽게 떠드는 데다가 벨소리까지 울려 귀가 멍할 지경이었다. 그녀가 교실에 도착했을 때 여섯 명의 어머니들이 교사와 면담을 하기 위해 한 줄로 앉아 기다리고 있었다. 만약 5시까지 면담을 끝내지 못한다면 제시간에 딸을 데리러 가지 못할 것 같았다. 10대인 딸 켈리는 문화센터에서 소프트볼 연습을 하고 있었다. 4시 55분이 되어서야 그녀는 델바니 선생과 면담을 시작할 수 있었다. 델바니 선생은 체리즈를 보자마자 찰리의 숙제를 도와주지 않는다고 책망하기 시작했다. 그러자 면담은 완전히 곁길로 새기 시작했다.

우리가 주목해야 할 것은 면담 전에 체리즈의 에너지가 바닥나 있었다는 사실이다(1학년 담임인 델바니 선생 역시 여러 사람을 면담하느라 이미 에너지가 고갈된 상태였을 것이다). 에너지를 고갈시키는 여러 요인들이 반드시 부정적인 영향을 미치는 것은 아니다. 따라서 그 요인들이 에너지를 고갈시키도록 방치하지 않는 것이 중요하다.

가능하면 그들에게 온 신경을 집중하지 마라. 또한 피할 수 있으면 피하는 것이 좋다. 이때도 역시 자기 모니터링이 중요하다. '상대방의 말에 효과적으로 귀를 기울이기 위해서는 에너지가 필요하다.'는 사실을 깨닫게 되면 에너지를 보존하고 잃어버린 에너지를 충전하고 새로운 에너지를 만들어낼 방법을 터득하는 것이 쉬워질 것이다.

사람 지향적 듣기성향과 내용 지향적 듣기성향을 동시에 지닌 사람은 대개 행동 지향적 듣기성향과 시간 지향적 듣기성향을 동시에 지닌 사람보다 더 많은 에너지를 소비하는 경향이 있다. 그러나 그들이 남들보다 더 많은 에너지를 가지고 있는 것은 아니다.

듣기 전에 에너지를 체크하고 충전하라

오늘날 직장에서 발생하는 여러 가지 문제는 듣는 사람이 느끼는 피로에서 그 원인을 찾아볼 수 있다. 우리 세미나의 참가자인 로제타의 하루를 살펴보자.

월요일 아침, 잠을 충분히 잔 로제타는 에너지가 가득 채워진 상태다. 하루가 시작되고 에너지가 조금씩 떨어지기 시작한다. 아홉 살짜리 아들 조슈아와 일상적이고 유쾌한 대화를 나눌 때는 에너지가 거의 소모되지 않는다. 그러나 스쿨버스 운전기사와 말다툼이 벌어지면서 에너지가 소모되기 시작한다. 그녀는 주차할 자리를 빼앗기고 몇 분 늦게 직장에 도착한다. 그녀가 사무실에 들어가자마자 전화벨이 울려댄다. 그녀는 시간을 내 동료들에게 조언을 해주면서 점차 에너지를 빼앗긴다.

10시경 로제타는 자신이 이용할 수 있는 에너지의 절반가량을 소모했다. 정오경이 되면 그녀는 처음 가지고 있던 에너지의 70퍼센트가량을 소모하게 된다. 어느 날 상사는 오후가 되면 그녀가 조심성이 없어지고 짜증이 늘어나며 인내심도 사라지는 것 같다고 말했다. 그녀는 상사의 지적에 다소 충격을 받았던지 우리 세미나에 참석하게 되었다.

스케줄이 불규칙한 사람들, 야간 교대근무를 하는 사람들, 스스로를 '올빼미형 인간' 이라 말하는 사람들은 로제타와는 다른 모습을 보일지 모른다. 스케줄, 다른 사람과의 상호작용, 일상에서 느끼는 압력 등은 에너지를 소모시키며 이러한 에너지 소모는 결국 (청자의) 피로로 이어진다.

듣는 사람이 피로를 느끼지 않게 하려면 자기 모니터링 과정이 반드시 필요하다. 그것은 스스로에게 귀를 기울이고 스스로를 관찰하는 과정이다. 자기 모니터링은 남의 말에 귀를 기울이기 위해 얼마나 많은 에너지가 필요한지를 규칙적으로 관찰할 수 있게 해준다는 점에서 매우 유용한 도구다.

자기 모니터 과정은 보통 3단계로 이루어진다.

1단계 관찰하고 싶은 행동을 주의 깊게 지켜본다.
2단계 자신이 그 행동을 하는 것을 놓치지 않는다.
3단계 그 행동을 계속할 것인지 아니면 바꿀 것인지 선택한다.

자기 모니터링을 할 때는 목표를 너무 높이 잡아서는 안 되며, 자기 모니터링이 상대방과의 상호작용을 방해해서도 안 된다. 자기 모니터링은 당신이 더 생산적으로 상대방의 말에 귀를 기울일 수 있도록 도와줄 것이다.

광고회사의 간부인 에이미는 전화 통화, 고객과의 미팅 등으로 녹초가 되었다. 그녀는 뜨거운 물에 몸을 담그고 마음을 안정시켜주는 음악을 듣기로 했다. 집 앞 진입로로 들어서는데 어머니의 차가 주차되어 있는 것이 보였다. 그 순간 그녀의 심장은 쿵하고 내려앉는 듯했다. 자기 모니터링과 관찰을 통해 에이미는 지금은 어머니의 이야기에 귀를 기울여줄 만큼 에너지가 충분하지 않다는 것을 알았다. 그녀는 집 앞을 그냥 지나쳐 가다가 어느 카페 앞에서 멈췄다. 그녀는 카페라테를 주문하고 몇 분간 휴식을 취하며 에너지를 충전한 뒤에 집으로 돌아갔다.

에이미가 짜증을 내며 억지로 집에 들어가지 않았다는 사실에 특별히 유의하라. 그녀는 자기 모니터링을 통해 언제, 누구의, 어떤 이야기에 귀를 기울일 것인지 의식적인 선택을 했다. 그녀는 듣기 에너지를 확보할 줄 알았던 것이다.

인간관계를 악화시키는 예비 에너지 탱크

듣기 에너지의 문제로 사람들은 큰 불화를 겪기도 한다. 특히 예비 에너지 탱크가 이런 불화의 원인 제공자가 될 때가 많다. 1940년에 생산된 최초의 폴크스바겐처럼 사람들에겐 비상시에 사용할 수 있는 예비 에너지 탱크가 있다. 기본 에너지 탱크는 비었는데 갑작스러운 위기상황이 발생하여 주의를 집중하거나 상대방의 말에 귀를 기울여야 할 때 예비 탱크의 에너지가 사용된다.

에릭은 저녁 식사 중 아내 조안의 말을 귀담아듣지 않아 그녀를 화나게 했다. 친정어머니 얘기를 하는데, 건성으로 흘려들었던 것이다. 그때 마침 그와 함께 낚시를 자주 다니는 친구에게 전화가 왔다. 그는 에릭이 참가하지 못한 낚시 여행에 대해 들려주었고 에릭은 열심히 그의 말에 귀를 기울였다. 조안은 에릭이 자신의 말에는 관심이 없다가 친구의 이야기에는 흥미를 보이며 열심히 듣는 것을 보고 마음의 상처를 입었다.

에릭에게 낚시 이야기는 배고플 때 먹는 맛난 음식과 같다. 비유하자면, 그는 예비 에너지 탱크를 열어서 왕성하게 음식을 소화시킨 셈이다. 웃고, 말하고, 귀 기울이는 것은 좋아하는 음식을 먹으며 원기를 보충하는 것과 같은 행위다. 조안이 이런 원리를 알았다면 훨씬 현명하게 에릭을 대할 수 있다.

경청 에너지를 재충전하는
6가지 방법

아무리 에너지를 고갈시키는 요인이 많다 해도 에너지를 계속 충전하고 충전된 에너지가 빠져나가지 않게 지킬 수만 있다면 더 효과적으로 남의 말에 귀를 기울이고 더 효과적으로 상대에게 말할 수 있을 것이다. 그럼 경청의 에너지를 재충전하는 6가지 전략을 알아보자.

계획을 세워라

대화에 앞서 계획을 세우면 에너지를 보존할 수 있다. 워크숍 참가자였던 그레그는 이 충고를 마음 깊이 새겨두었다. 새로운 유망업종에 종사하는 그는 근무시간의 80퍼센트가 마케팅을 하거나 고객과 약속을 잡는 데 사용된다. 그는 근무시간을 세 부분으로 나눈 다음 일상적인 대화나 상대적으로 쉬운 사람들과의 미팅은 처음이나 마지막에 잡아두었다. 반면 중요하거나 힘들거나 스트레스를 많이 주는 사람들과의 대화는 되도록 가운데 부분에 계획했다. 그의 에너지는 오전에 가장 충만했다. 그러나 그의 대화 상대는 그와 달리, 오전에는 내면의 소음과 주의를 산만하게 하는 여러 요인들 때문에 주의를 집중하지 못했다. 그들은 오전 늦게 또는 오후 일찍 대화를 할 때 가장 집중력이 높았다.

친구들이나 사업상의 동료와 모임을 계획할 때는 어떤 종류의 에너지가 요구되는지를 생각하라. 중요하지만 상대적으로 쉬운 주제는 초반부에, 아주 중요한 주제는 중반부에, 별로 중요하지 않고 별 논쟁거리도 없는 주제는 후반부에 논의할 수 있도록 일정을 잡아라.

회의 중 우리의 에너지는 고조되었다가 낮아진다. 상대에게 효과적으로 귀를 기울이기 위해서는 '3분의 1 법칙'을 기억하라. 회의 초반부에는 에너지 수준이 가장 높을 것이다. 그러나 회의 전에 있었던 사건이나 대화 때문에 주의가 산만할지 모른다. 회의 중반부에는 에너지 수준이 여전히 높을 것이고 중요한 문제에 주의를 집중하는 것이 쉬울 것이다. 회의 후반부에는 에너지 공급은 낮아질 것이고 회의가 끝난 후 무엇을 할 것인지 생각하느라 주의가 산만해질 것이다.

이렇게 회의 중에 에너지를 사용하는 패턴을 알아두면 회의가 끝날 때까지 에너지가 고갈되지 않도록 조절함으로써 중요한 결정을 내릴 때 도움을 받을 수 있을 것이다.

친구, 배우자, 아이들과 대화를 나눌 때도 미리 계획을 세우면 도움이 될 것이다.

아내에게 에너지가 거의 바닥이 난 것을 알아차린 샘은 가벼운 대화를 해야겠다고 생각했다. 그는 일이 어떻게 돌아가는지, 아이들은 요즘 무엇을 하며 시간을 보내는지, 주말에는 무엇을 하고 싶은지 등을 물어보았다. 그는 볼링 리그에 참가할 생각이었지만 나중에 말하기로 했다. 민감하고 말다툼을 불러일으킬 수 있는 이야기를 꺼내기에는 타이밍이 좋지 않았기 때문이다. 그는 전략적으로 아내의 에너지 수준이 올라갈 때까지 그 이야기를 꺼내지 않기로 했다. 그는 두 사람 모두 대화를 나눌 에너지가 충분할 때까지 기다리기로 했다.

무엇이 에너지를 고갈시키는지 점검하라

앞서 언급했듯이 까다로운 사람들과 상대하거나 어려운 문제를 다룰 때 우리는 에너지를 빼앗기게 된다. 에너지를 빼앗기지 않기 위해서는 무엇이 에너지를 빼앗아 가는지 알아두어야 한다. 다음의 체크리스트를 참고하여 무엇이 소중한 에너지를 빼앗아 가는지 점검해보라.

에너지를 빼앗는 요인을 줄이거나 제거하기 위해서는 구체적인 목표들을 세우는 것이 좋다(글로 써보는 것이 바람직하다). 수첩이나 책상에 에너지를 빼앗는 요인 목록을 적어두면 그것의 부정적인 영향에 항상 주의를 기울이게 될 것이다.

에너지를 빼앗는 요인이 나타날 때마다 부정적인 결과를 막거나 줄이기 위해 여러 가지 조치를 취할 수 있다. 에너지를 고갈시키는 사람은 에너지 수준이 높을 때 상대하라. 가능하다면 그런 사람과 직접 대면하는 것을 줄이고 대신 문자 메시지나 이메일 등을 이용하는 것이 좋다.

에너지를 뺏는 요인 체크리스트

다음에 나열한 것들 외에 자신만의 요인이 있다면 덧붙여보라. 특히 개인적 요인의 경우에는 전적으로 자신만의 요인으로 구성될 것이다.

내부적 요인

—— 걱정과 불안

—— 주제, 견해, 직위와 자신을 감정적으로 동일시함

—— 방어성

—— 배고픔, 목마름

—— 시간(아침형, 오후형, 야밤형 인간)

—— 질병, 육체적 피로

외부적 요인

—— 분쟁

—— 시각적, 청각적 소음

—— 감각기관에 대한 과부하

—— 개인 간의 마찰

—— 제한된 시간 안에 다양한 임무를 수행

—— 대화 내용을 정리하려는 시도(필기 등)

자신의 에너지 사이클을 파악하라

앞부분에 나왔던 로제타의 일화를 살펴보면 그녀는 기본적으로 '아침형 인간' 임을 알 수 있다.

반대로 발리는 정오쯤 하루 일과를 시작하여 밤늦게까지 일하는 것을 좋아한다. 그녀는 아침 일찍 밴드 연습을 할 때는 고음을 낼 수 없었다. 게다가 그녀의 목소리에는 힘과 감정이 담겨 있지 않았다. 그녀의 노래하는(그리고 남에게 귀를 기울이는) 에너지는 시간이 지날수록 충만해지는 경향이 있다. 발리는 전형적인 '야밤형 인간' 이다.

자신의 에너지 사이클을 파악하면 언제 중요한 일을 처리해야 할지 계획할 수 있다. 만일 자신이 아침형인지 야밤형인지 확신할 수 없다면 3일

동안 서로 다른 시간에 자신의 에너지 수준을 표시해보라. 물론 같은 시간인데도 에너지 수준이 다르게 나타날 수 있다. 그러나 여기서 필요한 것은 평균적인 에너지 사이클이다. 일단 당신이 자신의 에너지 사이클을 이해하게 되면 거기에 맞추어 계획을 세울 수 있게 된다.

알람을 설정하라

알람시계는 우리의 에너지를 점검하도록 상기시킨다. 시계가 울리는 순간 우리는 에너지를 점검해보게 된다. 물론 알람시계는 비유적으로 쓰인 것이다. 알람시계뿐 아니라 책상에 붙여놓은 메모, 달력이나 거울 등에 그려놓은 물음표, 심지어 액자에 걸어놓은 인용구나 사진 등도 당신의 에너지를 점검해보라는 신호로 쓰일 수 있다.

건설회사에서 근무하는 자비어는 자신의 에너지를 점검하기 위해 특별한 화면보호기를 개발했다. 여러 개의 귀가 다양한 색으로 바뀌며 빙빙 회전하는 그림이었다. 그는 그 화면을 들여다볼 때마다 자신의 에너지를 점검해보게 된다. 자신의 에너지가 낮아졌다는 것을 깨달으면 휴식을 취하기 위해 건물 반대편에 있는 카페로 가서 소진된 에너지를 충전하곤 했다.

쇼를 멈춰라

"쇼는 계속되어야 한다."라는 말이 있지만 이 말은 남의 말을 들을 때는 적용되지 않는다. 앞에서도 언급했듯이 듣는 사람들은 대개 의사소통의 결과를 통제할 수 있다. 당신은 듣는 사람으로서 '쇼'를 멈추게 하는 4가지 방법이 있다.

휴식을 요구하라

직접적으로 또는 이유를 만들어 잠시 상대방의 이야기를 듣는 것을 멈춘다. 화장실에 가겠다고 하거나 물을 마시겠다고 하거나 중요한 전화 통화를 해야 한다고 양해를 구하면 대부분의 사람들은 거절하지 못한다.

멜은 남편 마크가 저녁을 먹기 전에 금전적인 문제에 대해 이야기하고 싶어하는 것을 알아차렸다. 자신의 에너지 수준을 점검한 그녀는 지금 이야기를 시작하면 말다툼으로 이어질 게 분명하다고 생각했다. 그녀는 마크에게 그 이야기는 저녁식사 후에 하면 좋을 것 같다고 말했다. 마크는 마지못해 그녀의 말에 동의했다. 저녁을 먹은 후 두 사람은 기분도 한결 좋아졌고 긴장도 풀렸다. 덕분에 두 사람의 대화는 원만하게 이루어졌다.

충전할 시간을 요구하라

이 말은 간단하게 들리지만 실천하기는 쉽지 않다. 사람들은 보통 친구들이나 사랑하는 사람들에게 에너지를 보충할 시간을 달라고 직접적으로 요구하지 않는다.

병원의 이사인 프랭크는 집에 돌아오면 자신의 방으로 들어가 옷을 갈아입는다. 그의 가족은 그가 옷을 갈아입고 방에서 나올 때까지 말을 걸지 않기로 정해놓고 있었다.

만일 프랭크처럼 힘든 하루를 보내고 에너지를 공급받을 시간이 필요하다고 느끼면 그 사실을 주위 사람들에게 알리라. 가족, 친구들에게 도움을 요구한다면 그들은 아마 당신을 돕기 위해 최선을 다할 것이다.

대화 또는 회의를 연기하라

이 말은 어떤 주제에 대한 대화를 연기하라는 의미일 수도 있고 상대적으로 덜 중요한 주제는 안건에서 빼라는 의미일 수도 있다.

프레데리카는 작은 모임을 이끌고 있다. 한번은 두 시간 넘게 회의가 계속되었지만 해결해야 할 안건이 몇 가지 더 남아 있었다. 끝내지 못하는 것이 아쉽기는 했지만 프레데리카는 다른 사람들을 설득하여 일요일 오후에 다시 회의를 하기로 했다. 일요일 회의에서는 아무도 앉지 않고 모두 선 채로 의견을 나눴다. 그러자 회의 진행 속도가 눈에 띄게 빨라져 30분 만에 나머지 안건이 만족스럽게 해결되었다.

에너지가 너무 많이 빠져나가기 전에 대화를 멈춰라. 때로는 자신보다는 다른 사람의 에너지 수준이 낮아지는 것을 더 쉽게 알아챌 수 있을지도 모른다. 그럴 경우 모든 사람을 위해 회의나 대화 등을 미루는 것이 좋다.

피곤하다고 털어놓으라

때로는 다른 사람들에게 양해를 구해 회의 등의 결론을 빨리 내리자고 요구하는 것도 좋은 방법이 될 수 있다.

론은 밀드레드에게 애스펜으로 스키여행을 떠날 것이라며 신나게 떠들어대고 있었다. 하지만 밀드레드는 론의 이야기를 건성으로 듣고 있었다. 보통 때 같았으면 밀드레드는 론의 이야기를 즐겁게 들었을 것이다. 그러나 오늘 그녀는 직장에서 힘든 하루를 보낸 데다 두통까지 있었다.

"정말 네 이야기를 듣고 싶어." 그녀는 한숨을 쉬었다. "하지만 지금은 너무 피곤해서 네 이야기를 재미있게 들을 수가 없어. 내일 점심시간에 만나면 어때? 그때는 힘이 나서 재미있게 들을 수 있는데." 론은 밀드레드가 솔직히 이야기해준 것을 고맙게 생각하며 기꺼이 점심시간에 만나기로 했다.

상대방의 감정이 상하지 않게 주의하며 진지하게 부탁한다면 아마 상대방은 당신을 이해하고 심지어 감정이입까지 할 것이다. 하지만 상대방이 적대적으로 반응하거나 이야기를 끝내려 하지 않을 경우, 당신은 예비 에너지를 사용해야 할지 모른다. 그러나 대개의 경우 당신의 에너지가 바닥났다는 사실을 깨달으면 상대방은 될 수 있는 한 빨리 회의 등을 끝내자는 당신의 요구를 받아들일 것이다.

자신만의 방법으로 에너지를 재충전하라

이 말은 하루 종일 소모한 에너지를 재생하고 보충할 효과적인 방법을 찾으라는 의미다. 여기에 소개하는 방법은 에너지를 충전하고 나아가 스트레스를 관리하는 데도 유용하게 활용할 수 있다.

환경 바꾸기
- 휴식을 취한다.
- 일상생활에 변화를 준다.
- 밖으로 나간다.
- 가구 배치를 바꾼다.

사무실 · 집 · 자동차 안의 자극을 제거한다
- 혼자 점심을 먹으러 간다.

- ● 눈을 감는다.

- ● 라디오를 켜지 않고 운전한다.

- ● 조명을 낮춘다.

마음가짐을 바꾼다

- ● 마음을 달래주는 음악을 듣는다.

- ● 고요한 이미지를 머릿속으로 그려본다.

- ● 낮잠을 잔다.

- ● 가볍게 독서를 한다.

- ● 낙서를 하거나 편지를 쓴다.

- ● 스킨십을 나눈다.

- ● 이야기를 들어줄 누군가를 찾는다.

육체적인 활동을 한다

- ● 산책한다.

- ● 스트레칭을 하거나 일어서서 휴식을 취한다.

- ● 운동을 한다.

이런 활동을 단독으로 또는 몇 가지씩 결합하여 실시하면 에너지를 보충하거나 에너지 소모를 줄이는 데 도움이 된다. 단지 약간의 시간만 들이면 된다.

욕심내지 말고
천천히 습관을 바꿔라

에너지를 충전하고, 경청의 힘을 키우는 것을 가로막는 가장 큰 방해길은 성급함이다. 천천히, 체계적으로 나를 바꾸자. 듣기 습관을 바꾸는 비결은 'TIP'로 요약할 수 있다. 즉, T—training(훈련), I—incentive(유인), P—practice(연습)이다.

훈련

이 책의 주제는 어떻게 하면 남의 말을 잘 들을 수 있는지에 관한 것이다. 이 책을 최대한 활용할 수 있는 몇 가지 방법을 소개한다.

Tip 1 경험을 통해 여기 소개된 제안들이 효과가 있는지 확인해보라. 이해가 되지 않는 제안들은 굳이 실천하려 애쓰지 마라.

로브는 보스턴에서 열린 우리 세미나에 참석했다. 그는 다른 사람보다 더 열심히 강의를 들었다. 그는 메모를 하고 자신의 비효과적인 습관을 바꾸기 위해 행동 지침을 세우기도 했다. 세미나가 끝나고 한 달가량 지나서 그는 우리에게 전화를 걸어 한 가지 문제를 호소했다. 자기 모니터링을 하는 동안에는 상대방의 말을 듣지 않게 되더라는 것이다. 그는 좌절감을 느끼고 있었다.

자기 모니터링의 목표는 객관적인 관찰자가 되어 다른 사람의 말이나 행동에 대해 즉각적인 판단을 내리지 않는 것이다. 로브는 자신의 나쁜 습관을 당장 고치겠다는 욕심 때문에 중심을 잃었다. 우리는 로브에게 나쁜 습관은 수년에 걸쳐 만들어진 것임을 상기시키며 하룻밤 사이에 습관을 바꿀 수는 없다는 점을 인식시켰다. 자기 모니터링의 방법, 더 나아가 그 목표는 행동이나 태도를 바꾸는 것이 아니라 그에 앞서 관찰을 하는 것이다. 자기 모니터링을 한 후에 어떤 습관을 고쳐야 할지 선택하고 점차 단계를 밟아 목표를 달성해야 한다.

만일 이런 설명들을 이해하기 어렵다면 억지로 실천에 옮기지 않길 바란다. 우리에게 전화를 건 로브의 경우처럼 몇몇 제안들은 당신에게 효과가 없을지도 모른다.

Tip 2 듣기에 대해 모든 것을 알아야만 습관을 바꿀 수 있다고 생각하지 마라.

ABD는 'all but dissertation(졸업 논문을 제외한 모든 것)'의 머리글자를 딴 것이다. 우리는 졸업을 앞둔 학생들이 자료 조사를 하느라 졸업 논문(결과적으로 학위까지)을 끝내지 못하는 모습을 많이 보아왔다.

마찬가지로 나쁜 습관을 고치기 전에 '듣기'에 관한 모든 것을 속속들이 알아야 한다는 생각에 계속 자료를 읽고 고민만 하는 사람들이 많다. 단번에 듣기에 대해 완벽하게 알 수는 없다는 사실을 기억하라.

적극적이고 유능한 로자 앤은 경영학 석사로 3년 전 워튼 스쿨을 졸업했다. 그녀는 학교를 졸업한 후 네 개의 관리직을 거쳤다. 처음에 그녀는 자신이 제대로 승진 코스를 밟고 있다고 생각했다. 하지만 얼마 후 뭔가 잘못되었다는 것을 깨달았다.

인사고과에서 그녀는 남의 말을 제대로 듣지 않는다는 평가를 받았다. 그녀는 인터넷으로 '듣기'와 관련된 모든 자료를 찾아보았다. 한 달 만에 그녀는 '듣기'와 관련된 수십 개의 기사와 세 권의 책을 읽었다. 상사가 앞으로 어떻게 자기계발을 할 것인지 묻자 로자 앤은 한 달간 자신이 얼마나 많은 자료를 읽었는지 설명해주었다. 상사는 그녀의 노력에 감명을 받았지만 이렇게 물었다. "그렇게 많은 자료들을 읽었으니 이제 어떻게 할 거죠? 덮어놓고 자료를 읽는 걸로는 충분하지 않은데."

듣기와 관련된 자료를 읽는 것도 습관을 고치는 데 도움이 되지만 더 큰 진전을 이루기 위해서는 그 지식을 행동에 옮길 의지가 있어야 한다.

유인

습관을 고치기 위해 자신의 욕구를 이용하라. 그 욕구가 강하지 않다면 습관을 개선할 동기가 되어주지 못한다.

실리콘밸리의 소프트웨어 개발자인 마이크는 자신의 조수인 필을 우리 세미나에 보냈다. 필은 인사고과에서 남의 말을 제대로 듣지 않는다는 평가를 받았다. 필이 남의 말을 소홀리 한 탓에 그의 부서는 몇 번이나 재작업을 해야 했고 그 때문에 비용과 시간을 낭비해야 했다. 세미나에 참석한 필은 자신을 소개하면서 정말 세미나에 참석하고 싶지 않았다고 고백했다. 그러나 수료증을 받아가지 않으면 승진을 못하기 때문에 어쩔 수 없이 세미나에 참석했다는 것이다. 세미나 내내 그의 태도는 무관심했다. 그가 원하는 것은 단지 상사에게 제출할 수료증이었다. 그 후 우리는 필에게서 아무런 연락도 받지 못했다. 장담하건대 그의 습관은 조금도 달라지지 않았을 것이다.

스스로에게 질문을 던져보라. "나의 오랜 습관을 버릴 준비가 되어 있는가?" "진심으로 바꾸고 싶은가?" 이 질문들 중 하나라도 '아니요'라는 대답이 나온다면 계속해서 이 책을 읽을 이유는 없다. 그러나 두 질문에 대한 대답이 모두 '예'라면 당신의 노력은 성공할 가능성이 높다.

Tip 3 스스로에게 상을 주라. 성과가 눈에 보이면 간식, 휴식, 쇼핑 등으로 보상해주라.

매릴린은 부하직원들이 보고할 때 끼어드는 나쁜 습관이 있었다. 그녀는 두 달간 그런 습관을 고치기로 했고 자기 모니터링을 해서 약간의 효과를 보았다. 그녀는 1주일 동안 남의 말에 끼어들지 않을 경우 (듣기를 생각나게 하는) 한 쌍의 목걸이를 자신에게 사주기로 했다. 1주일 후 매릴린은 귀걸이를 샀다. 그녀는 한 달 동안 자신이 부하직원의 말에 끼어들지 않기를 실천할 경우 귀걸이와 세트인 목걸이도 사기로 했다.

이처럼 보상이 동기를 유발할 수 있다. 보상은 물질적인 것일 수도 있고, 칭찬·승진·인간관계 개선 등 눈으로 볼 수 없는 것일 수도 있다. 무엇이 당신의 동기를 유발하는지 살펴보고 그 보상을 받기 위해 노력하라. 그렇게 해서 나쁜 습관을 고친다면 그 자체만으로도 셀 수 없을 만큼 많은 보상을 받게 될 것이다.

연습

훈련과 유인은 나쁜 습관을 바꿀 토대가 되어준다. 연습은 그를 완결해주는 단계다. 새로운 듣기 습관을 형성해갈 때 다음 두 가지 점을 기억하라.

Tip 4 작고 구체적인 목표를 세워라. 목표가 너무 광범위하거나 애매하면 궤도를 이탈할 수 있다.

툴레인 대학교에 다니는 미셸은 종종 친구들로부터 남의 말에 귀를 기울이지 않는다는 소리를 듣곤 했다. 그녀는 자신이 비효과적인 듣기 습관을 가지고 있다는 사실을 깨닫고 어떤 점을 고쳐야 할지 목록을 작성한 다음 우선순위를 매겼다. 가장 시급하게 고쳐야 할 점은 시선 처리라고 생각하고 이번 주에는 그 습관 하나에만 매달리기로 했다. 그녀는 5가지 목록을 모두 한꺼번에 해결하고 싶은 유혹을 느꼈지만 한 번에 하나씩 매달려야 성공 가능성이 높아질 것이라 생각했다. 시선 처리를 개선하는 데 진전이 보이자 2주 후에는 두 번째 문제에 매달리기 시작했다. 이처럼 미셸은 구체적으로 달성할 수 있는 목표를 세우고 한 번에 하나씩 해결함으로써 성공할 수 있었다.

목표를 세우고 그것이 달성 가능한 것인지 확인한 다음 실천하라.

Tip 5 끈기 있게 버텨라.

끈기가 중요하다. 철학자인 J. G. 베닛이 "물방울은 바위를 뚫지만 폭우는 아무런 변화도 일으키지 못한다."고 말한 것도 이러한 의미에서다.

친구 사이인 마거릿과 케일은 컨트리클럽에서 화요일마다 브리지 게임을 한다. 그들은 우리의 워크숍에 참가한 후 나쁜 습관을 고칠 수 있도록 서로 돕기로 했다. 행동 지향적인 마거릿은 자신의 듣기 습관을 고치기 위해 구체적이고 다양한 계획들을 세웠다. 그녀는 당장 그 습관을 고칠 생각이었다. 하루 이틀은 성공적이었다. 그러나 가족과 휴가를 떠났다가 돌아온 뒤에는 자신의 목표를 완전히 잊어버렸다. 그녀는 자신의 노력이 헛된 것이라 결론 내리고 포기하기로 했다.

　반대로 케일은 점진적이고 쉬운 접근법을 택했다. 그녀는 한 번에 한 가지 습관만 택해 고칠 때까지 노력하기로 했다. 그녀는 참을성과 인내심이 있었다. 케일은 고쳐야 할 습관이 몇 가지 있었지만 끈기를 가지고 하나씩 노력한 덕분에 나쁜 습관을 고칠 수 있었고 남의 말을 잘 들어준다는 평판을 얻게 되었다.

　나쁜 습관은 쉽게 고쳐지지 않을 것이고 때로 당신은 목표를 잃고 방황할지 모른다. 또한 일시적으로 예전의 나쁜 습관으로 퇴행할 수 있다는 사실도 기억하라.

6

완벽한 피드백으로
마음을 사로잡아라

대화의 절반은 듣는 사람의 몫이다

몇 년 전 공항에서 한 남자가 공중전화로 통화하는 것을 들었다.

"여보, 어쩔 수 없다고."

"아니, 다른 이유 때문에 뉴올리언스에 온 게 아니라니까."

"집에 가는 길이니까 들어가서 이야기해."

탑승구로 향하면서 우리는 잔뜩 풀이 죽어 있는 그 남자에게 무슨 일이 있느냐고 물었다. 그러자 그는 이렇게 대답했다.

"믿지 않으실지 모르지만 지난주 비서가 자리를 비우는 바람에 내가 직접 출장 일정을 잡았습니다. 그리고 오늘 아침 피츠버그에서 뉴올리언스로 비행기를 타고 왔지요. 그런데 거래처 사무실을 찾아가고서야 일이 잘못된 것을 알았어요. 다음 주에 왔어야 했던 거죠. 거래처에서는 내가 이곳에 1주일간 머물기를 원했지요. 그래서 아내에게 전화를 했는데 도무지 믿지를 않는군요. 그녀는 내가 뭔가 다른 이유가 있어서 이곳에 왔다고 생각해요. 아내는 아내대로 화가 잔뜩 났고 사장은 사장대로 저를 죽이려고 할 겁니다."

의사소통을 연구하는 사람들은 흔히 이렇게 말한다. "사람들은 그 누구도 생각할 수 없는 최악의 방식으로 메시지를 오해한다." 듣기는 복잡하기 때문에 때로 상상도 못한 부분에서 오해가 생길 수 있다.

"성공적인 의사소통에 기본적으로 책임을 져야 하는 것은 누구인가?"라고 물으면 대부분의 문외한들은 화자라고 대답한다. 생각이 훨씬 깊은 응답자들은 청자가 의사소통의 성공에 최소한 절반은 책임을 져야 한다고 인정한다.

만일 청자와 화자가 의사소통에 있어 절반 이상의 책임을 기꺼이 진다면 세상은 더 나아질 거라는 게 우리의 믿음이다. 그것에 대해 생각해보라. 만일 듣는 사람과 말하는 사람이 의사소통의 성공에 최소한 51퍼센트의 책임을 진다면 실패는 드물 것이다. 우리는 청자와 화자의 역할을 번갈아 하기 때문에 상호작용의 책임에서 우리의 몫을 받아들여야 한다.

우리가 더 책임을 질 수 있는 한 가지 방법은 듣기에서 의사소통의 실패가 일어날 수 있는 지점을 익혀두는 것이다. 다음 PIER 듣기 모델은 그러한 실패의 지점이 어디인지 정확히 지적하는 데 도움을 주고 청자이자 화자로서 그것을 막을 수 있는 방법을 제시한다. 청자의 관점에서 모델을 볼 때는 화자로부터 훨씬 질 높은 정보를 얻을 수 있는 방법에 대해 생각하라. 반면 화자의 관점에서 모델을 볼 때는 청자가 더 잘 이해하고 당신의 정보를 더 가치 있게 여기도록 도울 수 있는 방법에 대해 생각하라.

상대는 당신의 말을 이렇게 듣고 있다

PIER 듣기 모델

워크숍에서 우리는 PIER 모델(인지Perceiving, 해석Interpreting, 평가 Evaluating, 반응Responding의 단계를 거치는 듣기과정 모델)을 사용하여 듣기의 복잡성을 설명한다.

PIER 듣기 모델

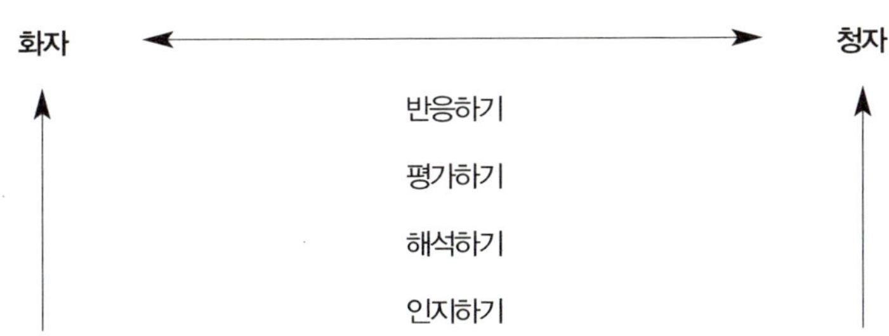

의사소통은 PIER 단계를 거쳐 이루어진다. 의사소통이 성공적일 경우 하

나의 다리가 만들어진다. 즉, 서로를 이해하고 이해받게 된다. 불행히도 듣기에서 문제가 발생하면 정확한 의사소통이 거의 불가능해진다.

인지하기 : 듣기 방식에 영향을 미친다

어느 날 저녁 헌터가 텔레비전에서 풋볼 중계를 보고 있는데 딸이 전화를 했다. 마침 4쿼터가 시작되는 중이라 그는 텔레비전 소리를 줄인 채 화면을 응시했다. 딸 에리카는 그달 말에 어머니의 생일이 있음을 상기시켰다. "아빠, 그날 저녁 때 엄마를 모시고 우리 집으로 오세요. 제가 엄마 친구 분들에게도 미리 전화해서 우리 집에 오시라고 할게요. 엄마를 깜짝 놀라게 해줘요. 음식은 제가 다 준비할 테니까 아빠는 케이크만 사오세요. 어때요?" 헌터는 딸의 질문을 듣자 재빨리 주의를 돌려 이렇게 대답했다. "케이크? 그래, 준비해둘게."

아내의 생일날 헌터는 주문한 케이크를 찾아놓고 딸이 음식을 가지고 오기를 기다렸다.

여기서 헌터는 딸이 말한 내용을 대부분 들었지만 결정적인 내용은 듣지 못했다. 그는 아내의 생일날 아내를 데리고 딸의 집에 갔어야 했다. 그러나 그는 메시지 모두를 인지하지 못하는 바람에 일을 엉망으로 만들어버렸다.

인지에는 오감이 요구된다. 듣기라고 하면 사람들은 청각에만 초점을 맞춘다. 그러나 청각은 효과적인 듣기에 요구되는 감각 중 하나에 지나지 않는다. 시각과 후각도 듣기 과정에 일부 관여한다. 사실 귀가 들리지 않는 사람들은 그 장애를 극복하기 위해 상대방의 입술을 읽고 냄새 맡는 법을 배워 최고의 청자가 된다.

172

청자의 역할	화자의 역할
• 주의를 집중한다. 주의를 집중하고 화자의 독특한 버릇에 의해 주의가 산만해지지 않도록 한다(계속 '음'이라는 감탄사를 덧붙이거나 초조해하거나 불안해하는 등).	• 평소보다 약간 크게 말한다.
• 주의를 산만하게 하는 것을 줄이거나 제거한다. 다른 곳으로 시선이 가지 않게 문을 닫고 블라인드는 내리며 텔레비전을 끈다.	• 주의를 산만하게 하거나 방해하는 것을 줄이거나 제거한다.
• 화자에게 더 다가가 앉는다. 자리를 바꾸거나 의자를 당기거 가까이 다가가서 선다.	• 청자에게 다가간다.

헌터의 경우처럼 많은 청자들이 처음에는 화자에게 호감을 갖고 주의를 집중하지만 곧 주의가 산만해지게 된다. 주의가 산만해지면 청자들은 무의식적으로 무엇인가에 한눈을 팔고 결과적으로 결정적인 정보를 놓치게 된다.

또한 과거의 경험이 정보의 인지 방식에 영향을 미치기도 한다. 최근에 우리는 친구인 제이와 바다낚시를 갔다. 그는 평소 호수에서 낚시를 하곤 했다. 그래서 선장이 융기된 두 지점 사이에 낚싯줄을 던지라고 하자 제이는 이렇게 질문했다.

"바닥에 있는 바위 사이에 말인가요?"

왜냐하면 호수에서는 파도가 일지 않았기 때문이다. 제이의 과거 경험은 메시지를 잘못 인지하게 했다. 선장이 잘못을 바로잡아주지 않았다면 그는 바위를 찾으며 많은 시간을 허비했을 것이다. 선장은 파도에 의해 만들어지는 물마루 사이에 낚싯줄을 던지라고 다시 지시했고, 그는 그 지시대로 낚싯줄을 던져 커다란 연어를 잡을 수 있었다.

해석하기 : 대부분의 실수는 이때 발생한다

일본에서 태어난 킴과 미국에서 태어난 넬슨은 같은 회사에서 일한다. 그들은 사이좋게 일했지만 최근 부서 내에서 휴가와 병가를 어떻게 운영할 것인지를 두고 의견 차이를 보였다. 그들은 그 문제를 두고 열띤 논쟁을 벌였고 마침내 넬슨은 이렇게 결론을 지었다. "그래, 킴, 우리 이제 나란히 가는 거지?"

킴이 천천히 고개를 끄덕이며 동의를 표시했다. 그런데 다음 주가 되자 넬슨의 부하직원이 불평을 늘어놓기 시작했다. 킴의 부서가 더 관대하게 병가를 내준다는 것이다. 넬슨은 즉시 킴의 방으로 쳐들어가 이렇게 물었다.

"우리 나란히 가기로 했잖아?

킴은 당황한 듯 손을 들어 평행선을 그리며 말했다.

"나란히 간다는 건 결코 만나지 않는다는 뜻이야."

넬슨은 그들이 합의를 보았다고 생각한 반면 킴은 그들이 결코 합의할 수 없다고 생각했던 것이다.

사람들은 자신이 인지한 내용이 정확한지는 따지지도 않고 그 내용을 이해하려고 애쓴다. 바로 이때 가장 많은 실수가 일어난다. 한 워크숍 참가자는 자신이 겪은 해석상의 오류가 가져온 심각한 결과에 대해 들려주었다.

한 회사가 지방에 원자력 발전소를 건설하고 있었다. 지역 주민들이 원자로의 안전성을 걱정하자 그 회사 홍보부는 방사능 물질을 들여오기 전에 그 시설을 둘러볼 수 있는 기회를 지역 주민들에게 제공하기로 했다. 그 회사는 지역 신문과 라디오 방송에 광고를 냈다. 광고가 나가고 처음 며칠 동안은 하루에 수십 통씩 전화가 왔다. 그러나 3일 후 전화가 걸려오는 횟수가 급격하게 줄더니 4일째 되는 날에는 단 한 통의 전화도 걸려오지 않았다. 곧 지역 주민들 사이에 새로 건설 중인 발전소가 몹시 위험하다

| 해석상의 실수를 줄이는 법 |

청자의 역할	화자의 역할
• 화자에게 예를 들어달라고 한다. 예는 복잡한 생각들을 이해하는 데 도움을 준다.	• 관련 있는 구체적인 예를 사용한다.
• 화자에게 좀더 명확히 설명해달라고 요구한다. 다양한 의미를 지닌 단어들에 특히 주의한다.	• 청자에게 요약을 하거나 다른 말로 설명해보라고 요구한다.
• 단어를 반복해보고 화자의 말을 다른 문장으로 표현해본 후 화자에게 맞는지 물어본다. 화자는 청자가 얼마나 이해했는지를 알게 되고 만약 필요하다면 정정을 해줄 것이다.	• 주요 내용을 반복하고 요약한다.

는 소문이 돌기 시작했다.

홍보부는 그 소문이 돌게 된 원인을 조사했고 둘째 날 한 여성과 했던 전화 통화가 문제였음이 밝혀졌다. 그때 전화 통화가 끝날 무렵 직원은 그녀에게 "보호장비를 입어야 해요."라는 말을 했다. 그리고 이 이유를 설명하려는데 그녀는 전화를 끊어버렸다. 겁에 질린 그 여성은 보호장비를 방사능을 차단하는 노란색 옷으로 해석했던 것이다.

그녀가 직원의 설명을 마저 들었다면, 그곳이 공식적으로는 아직 공사 중이기 때문에 방문객들은 보호 모자와 보호 신발을 착용해야 한다는 말을 들었을 것이다. 그러나 상대방이 설명을 제대로 듣지 않는 바람에 그 회사는 대중의 신뢰를 잃었을 뿐 아니라 수천 달러를 더 들여 새로 광고를 내야 했다.

평가하기 : 메시지 전달이 끝나기 전에 일어난다

들은 메시지에 대한 평가가 처음 이루어지는 것은 언제인가? 화자가 말을 끝낼 때인가, 아니면 거의 즉각적으로 이루어지는가? 경험에 따르면 많은 청자들은 누군가 말을 시작하기도 전에 벌써 정보의 가치에 대해 결정을 내릴 준비를 한다고 한다.

아카데미 상을 수상한 영화 〈브로드캐스트 뉴스〉에서 기자인 앨버트 브룩스는 뉴스 앵커인 윌리엄 허트에게 뉴스를 진행하는 방법에 대해 조언을 구한다. 그런데 본격적인 훈련이 시작되기 전에 브룩스는 이렇게 말한다.

"자네와 나는 사물을 너무 다른 눈으로 보네. 그런데 과연 자네의 조언이 내게 도움이 될까?"

청자의 역할	화자의 역할
• 화자가 말을 끝낼 때까지 평가를 유보한다. 정확하게 평가하려면 화자가 내놓은 핵심 정보를 모두 캐치해야 한다.	• 시각적, 청각적으로 핵심 포인트를 힘주어 강조하라.
• 화자에게 무엇이 중요한 키포인트인지를 묻는다. 화자와 청자는 여러 아이디어의 경중에 관해 동의하고 있는가?	• 청자가 대화의 내용을 잘 이해할 수 있도록 도와라.
• 화자가 요구하는 것들 가운데 무엇이 우선인지를 묻는다. 화자의 관점에서 가장 중요한 아이템은 무엇인가?	• 통계나 사실 증거, 전문가의 코멘트 등의 정보를 활용하여 메시지의 중요성을 강조해준다.

허트가 대답한다.

"확실히 다르지." 스토리가 전개되면서 허트는 브룩스에게 카메라 앞에서 어떻게 해야 화면에 잘 나오는지를 가르쳐준다. 그는 카메라를 응시하고 양복 재킷은 엉덩이 밑에 깔고 앉으라고 말한다. 그러나 브룩스가 그의 말을 듣지 않자 허트는 마침내 뉴스 진행석에 앉은 브룩스에게 다가가 그의 양복 자락을 엉덩이 아래에 찔러 넣어준다. 나중에 화면에 비친 자신의 모습을 본 브룩스는 "정말 멋진 조언이었어요!"라고 말한다.

반응하기 : 듣기 과정을 완성한다

행크의 친구인 캘리는 연극 연출을 맡게 되었다. 어느 날 행크는 연극이

상연 중인 극장을 찾아갔는데, 뜻밖에도 냉대를 받았다. 캘리는 행크가 오겠다고 약속한 날짜에 오지 않았음을 상기시켰다. 그 순간 기억이 떠오르면서 행크는 약속을 지키지 못한 것을 사과했다. 캘리는 행크가 약속을 지키지 못한 이유를 묻는 대신 그가 약속을 잊어버릴 만큼 자신을 중요하게 생각하지 않는다고 결론 내렸다. 단지 그는 약속 날짜를 적어두는 것을 깜빡 잊었던 것뿐인데 말이다.

위의 예에서처럼 의도하지 않았던 반응도 나타나기 쉽다. 그리고 캘리는 청자로서 그 메시지를 어떻게 해석할 것인지 결정할 권한이 있다. 그녀는 그에게 전화를 걸어 왜 오지 못했는지 물을 수도 있었고 시간을 제대로 알고 있는지 확인할 수도 있었지만 그렇게 하지 않았다. 대신 그녀는 행크가 자신과의 우정을 가치 있게 여기지 않는다고 단정 지어버렸다.

이 점은 '디어 애비Dear Abby'라는 칼럼에 실린 한 통의 편지에서도 확인된다.

친애하는 애비.

우리 부부는 4월에 결혼했습니다. 그리고 지난 일요일은 결혼 후 처음으로 맞는 아내 베벌리의 생일이었지요. 나는 다행히 아내의 생일을 잊지는 않았어요. 그런데 지금 상황은 생일을 잊어버린 것만큼 좋지 않아요.

한 달 전쯤 베벌리는 결혼해서 처음 맞는 생일인 만큼 나와 둘이서 오붓하게 하루를 보내고 싶다고 했답니다. 그녀가 원했던 것은 결코 대단한 게 아니었어요. 단지 나와 함께 하루를 보내면서 멋진 저녁식사나 하고 싶었던 것이지요.

애비, 나는 그걸 완전히 잊고 있었습니다! 나는 선수를 쳐서 사려 깊은 남편인 척(나는 그렇게 생각했어요) 처갓집에 그녀를 데려갔지요. 그런데 웬일인지 그녀는 우울해 보였어요. 그녀가 마침내 그 이유를 털어놓았을 때 나는 괴로웠습니다. 그녀는 내가 자신의 말은 콧등으로도 듣지 않는다고 불평했거든요.

시간을 되돌려 그날로 돌아가고 싶지만 이미 때늦은 후회이지요. 어떻게 해야 아내의 마음을 풀어줄 수 있을까요?

DE, 윌밍턴에서 죄책감을 느끼며

청자가 화자의 말을 듣고 어떤 행동을 취하지 않아도 될 때 메시지를 오해할 가능성은 높아진다. 사실 누군가가 메시지를 중계할 경우 화자는 메시지 전달에 있어 통제력을 잃어버리게 된다. 어느 학생이 패스트푸드점에서 겪었던 일화도 이런 사실을 뒷받침해준다.

나는 MBA 학생입니다. 그런데 어느 날 함께 스터디를 하는 친구들로부터 샌드위치를 사다달라는 부탁을 받았어요. 그 중에는 마요네즈를 정말 싫어하는 타라도 끼어 있었지요. 그래서 나는 주문을 한 다음 점원에게 다시 주문 내용을 확인해달라고 했습니다. 그러자 그녀는 주문 내용을 다시 불러주었지요. "마요네즈를 빼고 겨자 소스를 추가한 그릴드 치킨 샌드위치 하나……." 학교로 돌아온 나는 사람들에게 샌드위치를 나누어주었습니다. 그런데 샌드위치를 받은 타라의 표정이 바뀌었어요. 그녀는 샌드위치에 마요네즈가 잔뜩 들어 있는 것을 보고는 잔뜩 짜증난 눈길로 나를 쳐다보았습니다.

패스트푸드점 같은 곳에서는 종종 한 사람 이상이 주문을 처리한다. 중간에서 주문 내용을 전달하는 사람이 있을 경우 한 사람에게서 다른 사람에게로 주문 내용이 넘어가는 동안 '해석하기'처럼 낮은 단계에서 실수가 발생하면서 청자와 화자는 결과에 대한 통제력을 잃게 된다.

PIER 모델은 어디에서 듣기 실수가 발생했는지 진단하는 데 도움을 준다. 듣기 단계는 점진적이지만 순식간에 끝나버린다. 만일 정확하게 메시지를 인지하지 못했다면 아무런 문제 없이 더 높은 단계로 나아갈 가능성은 거의 혹은 전혀 없을 것이다.

반응상의 실수를 줄이려면 아래의 표에 정리된 것처럼 각자의 역할에 충실해야 한다.

| 반응상 실수를 줄이는 법 |

청자의 역할	화자의 역할
• 주의 깊게 메모를 한다. 메모는 정보를 저장할 수 있는 가장 유용한 도구다.	• 기억을 되살릴 수 있도록 메모를 보낸다.
• 너무 성급하게 결론 내리는 것을 피한다. 성숙되지 않은 반응은 종종 적대감을 불러일으키고 오해를 가져온다.	• 청자의 반응, 또는 선택에 따라 나타나는 긍정적·부정적 결과들을 설명한다.
• 화자에게 즉각 언어적인 피드백을 준다. 피드백은 화자에게 당신이 듣고 있음을 확인시켜주고 오해를 피하도록 돕는다.	• 청자에게 어떤 행동을 취할 것인지 물어본다.

적절한 타이밍에 반드시 '피드백' 하라

듣는 사람은 정확하고 시의 적절한 피드백을 제공해야 한다. 그러나 불행히도 대다수의 사람들은 피드백을 하는 방법을 훈련받지 못했다. 기업에서는 피드백을 주고받는 것이 매우 중요하기 때문에 관리자나 중역들은 효과적으로 피드백을 주고받는 법을 배운다.

최근 〈월스트리트 저널〉에는 덴마크 다이렉트 세일즈 사의 경영 컨설턴트인 마크 요한슨에 관한 기사가 실렸다. 그의 기본적인 업무는 중역들이 인맥관리 기술, 리더십 기술 등에 관심을 갖고 개선하도록 돕는 것이다. 요한슨이 중요하다고 생각하는 것 중에는 상대방의 말을 듣고 피드백을 하는 기술도 포함되어 있었다.

우리는 관리자와 중역들을 교육시키면서 효과적인 피드백을 주고받기 위해서는 집중적인 훈련이 필요하다는 것을 발견했다. 직장에서뿐만 아니라 부부 사이, 부모 자식 사이, 친구 사이에서도 마찬가지였다.

무엇이 피드백을 방해하는가?

로렌은 벤과 두 달가량 이메일을 주고받았다. 처음에 그들의 대화는 솔직하고 건전했다. 그러나 점점 두 사람의 사이가 친밀해지면서 메일의 내용도 열정적으로 변했다. 로렌에게 끌리던 벤은 그녀를 한번 만나고 싶다고 했다. 그녀는 그 메시지를 받자마자 가장 친한 친구인 리지에게 전화를 걸었다. "어떡하지? 1년 넘게 빅터와 사귄 거 너도 알지? 그는 내가 다른 사람과 메일을 주고받는 것도 모르거든."

여기서 로렌이 리지에게 정말 원하는 것은 무엇일까? 만일 리지가 로렌에게 이래라 저래라 한다면 리지는 그 결과에 대해 칭찬이나 비난을 받게 될 것이다. 대다수의 사람들처럼 리지는 결정에 책임이 따를 경우 피드백을 제공하지 않으려 할 것이다. 아이들의 경우라면 불가피하게 부모가 결정을 내려주어야 하지만 어른이라면 자신의 행동에 스스로 책임을 져야 할 것이다.

때로 피드백이 불필요하다고 생각하는 경우도 있을 수 있다. 예를 들어 어떤 관리자들은 1년에 두 번 실시하는 직원들의 근무 평가를 시간 낭비라고 생각한다. 특히 부서가 원활하게 운영될 때는 더욱 그렇다. 게다가 내성적인 성격일 경우에는 피드백을 무척 어렵게 생각한다. 나쁜 평가를 전할 때는 더욱 그렇다. 그러나 조사에 따르면 평가 대상자들은 부정적인 피드백일지라도 충분히 피드백을 받고 싶어한다.

사람들이 직접적인 피드백을 주지 못하는 또 다른 이유는 상대방의 반응을 두려워하기 때문이다. 아내에게 살을 빼면 훨씬 예뻐 보이겠다고 말하거나, 부하직원에게 사적인 통화가 너무 많다고 지적하거나, 고객에게 주문 내용을 잊어버렸다고 실토하거나, 대학 야구팀 지원자에게 가입시켜줄 수 없다고 말하기는 힘들다. 상대방이 이와 같은 피드백에 부정적인 반응을 보일 것으로 예상될 때는 더욱 그렇다. 상대방은 입을 다물거나 화를 내거나 뾰로통하거나 울거나 비난을 퍼부을지 모른다. 그 때문에 피드백을 주기 위해서는 연습뿐 아니라 용기도 필요하다.

어떻게 피드백을 주고받을 것인가

처음에는 준비와 경험이 없으면 피드백을 주는 것이 어색하게 느껴질 것이다. 상대방의 반감을 사지 않고 쉽게 피드백을 할 수 있는 방법을 알아보자.

준비가 필요하다

주의를 산만하게 하는 것이 있으면 피드백에 귀를 기울이기 어렵다. 미리 계획을 세우면 이렇게 주의를 산만하게 하는 것을 줄일 수 있다.

서비스센터의 매니저인 티머시는 완전히 개방된 사무실에서 일을 한다. 그의 사무실에는 벽도 문도 없기 때문에 대화 내용을 모든 사람이 들을 수 있다. 그러나 업무 평가 내용은 다른 사람이 듣지 않는 곳에서 해야 할 것 같아 그는 사무실이 아닌 다른 장소를 찾기 시작했다. 이제 그는 비밀

스러운 이야기를 하고 싶을 때면 자신의 픽업 트럭에 상대방을 태우고 달린다.

남의 말을 제대로 들을 줄 모르는 사람은 때로 공개되지 않은 은밀한 장소가 필요하다는 것을 인식하지 못한다. 그 때문에 그들은 굳이 환경을 바꾸려는 시도를 하지 않는다. 반면 남의 말을 제대로 들을 줄 아는 사람은 피드백을 주기 위해 다음과 같은 준비를 한다.

- 환경을 바꾸기 위해 조용한 장소를 찾거나, 전화를 받지 않거나, 문을 닫거나, 텔레비전을 끈다.
- 필요한 자료가 있다면 미리 모아둔다.
- 신문이나 고무 밴드처럼 주의를 산만하게 할 수 있는 것을 치운다.
- 신문을 내려놓거나 책상 앞에서 나온다.

한 번에 하나씩 초점을 맞춘다

브루어는 컨트리클럽의 보조 골프 강사로 일하게 되었다. 그의 첫 번째 임무는 골프를 쳐본 적이 없는 다섯 명의 젊은 직장 여성을 지도하는 것이었다. 스크래치 골퍼(핸디캡이 0인 골퍼)였던 그는 여자들에게 롱아이언을 나누어주고 몇 가지 짧은 설명을 했다. 그리고 스윙을 해보라고 한 후 다음과 같이 피드백을 했다.

"좋아요. 인터로킹 그립을 사용하세요. 무릎을 굽히고 시선은 공에 맞춘 채 머리를 숙이세요. 왼손으로 리드하고 스윙을 하는 동안 왼쪽 팔꿈

치는 쭉 펴세요."

열심히 배우려던 여자들은 너무나 많은 지시 사항에 압도되었다. 좌절감을 느낀 한 사람이 말했다. "그만요! 한 번에 그렇게 많은 것을 기억하지 못한다고요. 한 번에 하나씩 할 수 없어요? 그런데 인터로킹 그립이 뭐죠?"

여기서 볼 수 있듯이 피드백은 상대를 실망시킬 수 있다. 상대방이 당신의 피드백에 귀를 기울이고 그 피드백을 효과적으로 활용하게 하려면 한 가지에만 초점을 맞추어야 한다. 수많은 정보를 주어서 걸러내게 하지 말고 가장 중요한 것, 특히 개선할 점을 제시하는 피드백에 초점을 맞추는 것이다. 일단 상대방이 그 피드백을 받아들인다면 추가적인 정보를 제공할 것인지 고려해보라.

그렇다면 좋은 피드백은 어떤 조건을 갖춰야 할까?

첫째, 명확해야 한다. 당신은 이렇게 생각할지 모른다. '나는 피드백할 게 있으면 참지 않아. 그래서 늘 다른 사람들에게 피드백을 주고 있지.' 규칙적으로 피드백을 주는 사람은 칭찬받을 만하다. 그러나 대부분의 피드백은 구체적이기보다는 추상적이다.

둘째, 규칙적이고 일관성이 있어야 한다. 얼마 전 워크숍 참가자는 이런 말을 한 적이 있다. "나는 아내를 사랑합니다. 아내도 그걸 알고 있고요. 매일 퇴근하자마자 곧장 집으로 들어가는데 어떻게 모르겠어요?" 물론 어떤 부부는 그 참가자가 말한 것과 같은 단순한 사실만으로도 자신이 사랑받고 있다고 느낀다. 그러나 대부분의 사람들은 자신이나 다른 사람들이 어떻게 느끼는지에 대해 더 분명하게 그리고 정기적으로 확인하고 싶어한다.

크리블 박사는 뉴욕 대학의 교수로 기초 작문을 가르치고 있다. 학생들의 강의 평가에서 그의 강의가 부정적인 평가를 받자 학과장은 그 이유가 무엇인지 조사했다. 그 결과 그가 수업 마지막 날까지 리포트 성적을 알려주지 않은 사실이 밝혀졌다. 학생들은 리포트 성적을 통보받지 못했기 때문에 기말 고사를 제대로 준비할 수 없었고 그 때문에 좌절감을 느꼈다.

여기서는 피드백을 주는 시기가 너무 늦었다. 대학에서는 이런 식의 피드백이 흔하기 때문에 학기 중에 수업 평가를 함으로써 이런 폐단을 시정하려는 학교가 많다. 학기 중에 수업 평가(피드백)를 하면 남은 학기 동안은 수업을 바람직한 방향으로 이끌 수 있다.

적절한 때 피드백을 하라

릴리스는 스콧스데일의 한 중학교에서 상담 교사로 일하고 있다. 그녀는 지역 교사들의 불평 처리위원회 위원장직도 맡고 있었다. 때문에 그녀는 교사나 관리자에게 부정적인 피드백을 주는 경우가 많았다. 그녀는 이 일을 하면서 피드백을 줄 때도 타이밍이 중요하다는 것을 쓰라린 경험을 통해 배웠다.

9월의 어느 수요일 오후였다. 그녀는 수업이 끝난 후 첫 번째 피드백 대상과 만나기로 했다. 그는 중학교 미식축구 코치인데 회의에 계속 늦게 나와 그에 대한 피드백을 주려던 참이었다. 그가 회의실에서 피드백을 받는 동안 밖에서는 학생들이 코치와 함께 연습을 하러 가기 위해 기다리고 있었다. 처음에 코치는 의연하게 비판 내용을 듣고 있었다. 그러나 학생들을 인솔해 가야 할 시간이 다가오자 그는 초조해지기 시작했다. 릴리스가 위원회에서 밝혀낸 그 밖의 개선점들을 피드백하기 시작하자 그는 참다못해 소리를 지르며 회의실 밖으로 나가버렸다. 나중에 그는 사과했고, 릴리스 또한 타이밍이 좋지 않았음을 인정해 스트레스를 주지 않을 만한 시간으로 다시 약속을 잡았다.

역할	일반적인 피드백	구체적인 피드백
부모	"잘했어."	"침대를 정리하고 옷을 걸고 방을 정돈하다니 잘했구나. 너도 이제 자기 일을 스스로 처리하게 되어서 기특하다."
상사	"내가 하지."	"그렇게 시한을 지키지 못하면 내가 자네를 어떻게 생각하겠나? 자네가 내 말을 제대로 듣지 않았다고 생각할 수밖에 없지. 자네의 업무 수행 능력도 의심스럽군."
교사	"C+"	"C+. 더 좋은 점수를 받고 싶다면 리포트를 쓸 때 다음 사항에 유의하게. 첫째, 리포트를 구성할 때 서론, 논증되어야 할 명제, 결론이 들어가도록 할 것. 둘째, 최소한 4개의 참고문헌을 인용할 것. 셋째, 오탈자가 없는지 교정을 볼 것."
동료	"고마워."	"브로셔 발송하는 것을 도와줘서 고마워. 어떻게 저 일을 다 할지 걱정이었거든."
배우자	"아무 데나 괜찮아."	"두곳 다 가본 적이 없는 식당들이라 아무 데나 좋아. 그러니까 당신이 알아서 결정해."

에너지가 바닥났을 때 부정적인 피드백을 받는 경우에는 곤혹스러울 것이다. 다음을 참고하여 적절한 때에 피드백을 하라.

- 자신과 상대방의 에너지가 어느 정도나 남았는지 수시로 점검하라.
- 조용하고 편안한 장소를 고르라.
- 피드백은 간결하게 하라.
- 내용이 많을 경우 몇 번에 나누어 피드백을 하라.

부정적 피드백에서 배워라

이 마지막 제안은 피드백을 주는 것보다는 피드백을 받는 데 초점을 맞추고 있다. 효과적으로 피드백을 주는 것은 어렵다. 피드백을 받는 것은 더 어렵다. 그러나 배우고 성장하기 위해서는 피드백이 필요하다.

주세페는 보스턴 항에 있는 조선소에서 일하는 노동자였다. 어느 날 감독인 밀러드가 퇴근 후 만나서 얘기 좀 하자고 했다. 그 이야기를 전해들은 동료들은 이런저런 충고를 했다. 한 사람은 이렇게 말했다. "입 다물고 아무 말도 하지 마." 그러자 다른 사람이 이렇게 말했다. "뭐라고 하든 듣지 말라고." 또 다른 사람은 이렇게 말했다. "감독이 지난달에 제니를 불러내서는 회사에 그만 나오라고 했대."

퇴근 후 밀러드를 만난 주세페는 신경이 곤두서 있었다. 밀러드는 주세페에게 새로운 공정이 도입되면 새로 훈련을 받아야 현재의 일자리를 유지할 수 있다고 말했다. 그러나 주세페는 건성으로 듣고 있었다. 주세페는 이야기의 핵심을 놓치고 자신의 일자리가 위협받고 있다고만 느꼈다. 그는 밀러드를 적대적으로 대했고 결국 해고되었다.

만일 주세페가 밀러드와의 만남을 건설적인 피드백의 기회로 생각했다면 그는 여전히 그 조선소에서 일하고 있을 것이다. 주세페처럼 많은 사람들이 부정적인 피드백으로부터 배울 준비가 되어 있지 않다. 부정적인 피드백을 긍정적으로 활용할 수 있는 몇 가지 방법을 소개하겠다.

- 긴장하고 있다면 심호흡하라.
- 피드백을 주는 사람에 대해 나쁜 감정을 품지 마라.
- 피드백의 내용과 피드백을 주는 사람을 별개로 생각하라.
- 실수를 반복하지 않을 방법을 생각하라.

핵심만 골라서, 짧게 피드백하라

연설을 하거나 프레젠테이션을 할 때 겪는 가장 짜증나는 경험 중 하나는
마이크에서 나는 잡음이다. 날카로운 잡음 때문에 청중들은 귀를 막고 얼
굴을 찡그리며 주춤거린다. 이와 비슷한 일은 피드백 과정에서도 벌어진
다. 의도하지도 않았는데 자신의 말이 상대방에게 상처를 입히고 좌절감
과 분노를 일으키며 혼란스럽고 당황하게 하는 경우가 바로 그렇다. 그럴
경우 상대방은 방어적으로 대응하며 그 상황을 회피하려고 한다. 대부분
의 사람들은 배우자, 자녀, 동료, 친구 등에게 아무 생각 없이 그런 말을
했다가 그들이 분개하는 것을 보고는 깜짝 놀란다.

인문학장인 아이린은 대학교 이사진에 보고서를 제출하기 전에 교수들의
의견을 듣고 싶었다. 그러나 대부분의 교수들은 그녀에게 협조하지 않았고
회의에도 제대로 참가하지 않았다. 그녀가 각별한 사이라고 생각했던 교수

들마저 비협조적으로 나오자 그녀는 그 중 한 명에게 전화를 걸었다.

"제이콥, 아이린이에요. 몇 분만 이야기해요. 몇 가지 이야기하고 싶은 게 있어서요."

"좋아요. 다른 방에 가서 전화를 받을게요." 제이콥이 다시 전화기를 들자 아이린이 이야기를 시작했다. "지난 몇 주 동안 당신과 이야기하고 싶었어요. 하지만 우리 사이가 벌어질까 봐 꺼려졌어요. 당신은 아무 제안도 하지 않고, 회의에도 참석하지 않고, 새로 임용할 교수의 강의도 참관하지 않았어요. 우리 학부를 위한 최선의 결정을 내리기 위해서는 당신의 도움이 정말 필요한데 당신이 그렇게 비협조적으로 나오니까 좌절감만 쌓이더군요."

제이콥은 아이린의 말을 들으며 지난 몇 달 동안의 행동을 후회하는 것 같았다. 그는 미안하다고 말했다. 아이린은 대화가 잘 풀리는 것 같아 기분이 좋아졌다. 현명한 사람이라면 이쯤에서 멈춰야 했을 텐데, 그녀는 그러지 못했다. "나는 당신을 친구라고 생각했어요. 그래서 당신을 배려하려고 애썼다고요. 윗사람들에게 당신을 승진시켜줄 것을 요청하기도 했고 내년에는 당신이 요구한 대로 새 컴퓨터를 사주려고도 했어요. 그런데 당신이 어떻게 나한테 그럴 수가 있어요!" 그러자 제이콥은 벌컥 화를 내며 방어적으로 나왔다. 아이린은 제이콥이 왜 화가 났는지 도무지 이해할 수가 없었다. 아이린이 무엇 때문에 좌절했는지 그 이유들을 구체적으로 나열하는 것과 제이콥의 승진 문제, 또는 컴퓨터 구입 문제는 전혀 별개의 사안이었다.

아이린은 제이콥이 방어적으로 나와 혼란스러웠다. 그녀는 제이콥에게 호감을 보여주기 위해 승진 문제와 컴퓨터 문제를 언급했지만 그는 그녀의 말을 아주 다르게 해석했다. 아이린의 경우처럼 다른 사람들로부터 부정적인 반응을 끌어내지 않으려면 어떻게 해야 할까?

상대방이 우리의 말을 어떻게 받아들일지 예측하기는 어렵다. 또한 상대방의 말에 어떻게 반응해야 할지 어색한 상황들도 많다. 사업상의 만남이나 사교적인 만남에서 어떤 말을 해야 할지 알려주는 지침서들이 쏟아지고 있는 것도 바로 그 때문이다.

맞선이나 면접을 본 후 "그 말은 하지 말걸." 하고 후회한 적이 없는가? 특히 상을 당한 사람, 이혼이나 실직을 겪은 사람, 생명을 위협하는 질병에 걸린 사람 등 엄청난 변화나 위기를 겪는 사람에게 어떤 반응을 보여야 할지 난감하다.

감정적으로 스트레스를 받는 사람에게는 가벼운 격려의 말이나 상투적인 말은 하지 않는 것이 좋다. 특히 다음과 같은 말들은 피하라.

- 네 기분 알아.
- 몇 주 지나면 괜찮아질 거예요.
- 다 신의 뜻이죠.
- 그렇게 느끼지 마세요.
- 그런 일이 작년에 일어나지 않은 것만도 얼마나 다행이에요.
- 나는 어땠는지 알아?

반면 효과적인 피드백은 다음과 같다.

● 그 사람의 느낌을 묻고 반응에 귀를 기울인다.

● 상대방의 말과 조화를 이루지 않는 표정, 어조, 몸짓 등에 주목한다.

● 질문에는 정직하고 직접적으로 대답한다.

● 상대방의 말을 경청하고 있음을 보여준다.

● 처음 듣는 이야기이건 백 번 듣는 이야기이건 참을성 있게 들어준다.

3가지 피드백 전략으로 상대를 움직여라

앞에서 단언했듯이 말을 하는 사람보다는 듣는 사람이 의사소통 결과를 결정짓는 경향이 있다. 청자가 피드백을 제대로 이해하고 전략적으로 사용한다면 시간 관리뿐 아니라 상대방에 대한 영향력까지 발휘할 수 있다. 이런 기술을 잘 연습하면 인간관계에서 주도권을 쥘 수 있다. 다음의 3가지 전략은 피드백을 통해 상대방을 움직일 수 있도록 도와줄 것이다.

식히기

피아노를 배운 적이 있다면 피아노 페달 중 하나는 소리를 죽일 때 사용한다는 것을 알 것이다. 그 페달을 밟으면 피아노 줄이 떨리지 않으면서 더 이상 소리가 흘러나오지 않게 된다. 피아노를 배운 적이 없다 해도 '찬물을 끼얹는다'는 표현을 들어보았을 것이다. 그 표현은 너무 무미건조하거나 진지해서 재미있는 것을 보고도 즐길 줄 모르는 사람에게 쓰인다.

그러나 이런 유의 '식히기'는 매우 효과적인 피드백 전략으로 활용할 수 있다. 즉, 다혈질에다 아주 시끄럽고 흥분한 상태에 있는 사람과 대화를 하거나 논쟁을 할 때 '식히기' 전략으로 그들을 진정시키는 것이다.

일곱살인 데니스는 성적표를 손에 들고 집으로 달려가기 시작했다. "엄마, 엄마, 이게 뭔지 알아, 응? 뭔지 아냐고?" 아이가 너무 빠른 속도로 떠들어대서 스텔라는 무슨 말인지 거의 알아들을 수 없었다. 그러나 그녀는 딸에게 천천히 말하라고 하는 대신 딸의 흥분이 가라앉기를 기다렸다. 딸에게 관심을 보여주기 위해 고개를 끄덕여주며 딸이 계속 떠들게 내버려두었던 것이다. 결국 숨이 찬 데니스가 말을 멈추자 스텔라는 딸의 질문에 대답하기 시작했다.

여기서 스텔라는 '식히기' 전략을 사용하여 아무 말도 하지 않고 단지 몸짓, 눈빛, 표정 같은 비언어적 표현만으로 자신이 관심 있게 이야기를 듣고 있음을 아이에게 알려주었다. 식히기 전략은 화자의 메시지에 대해 공포, 걱정, 분노 같은 부정적인 감정을 느낄 때 종종 사용된다. 화자의 감정을 식힐 수 있는 몇 가지 방법은 다음과 같다.

- 말하는 사람이 생각 등을 완전히 풀어놓을 때까지 듣기만 한다.
- 표정과 몸짓으로 이해와 공감을 표현한다.
- 화자가 말을 계속할 수 있도록 고개를 끄덕이거나 맞장구를 쳐준다.
- 화자의 부정적인 어조나 표정을 흉내 내지 않는다.

방향 잡아주기

화자가 두서없이 이야기하며 원래의 주제에서 벗어날 때 이를 잡아줄 수 있는 피드백 전략이다. 회의나 작은 모임에서 한 사람 이상이 주제에서 벗어나면 다른 사람들까지 궤도를 이탈하는 경우가 많은데, 그때 유용하게 쓸 수 있다.

탄산음료 회사의 웹사이트 관리자인 마진은 같은 부서의 동료 세 명, 판매부서의 관리자 두 명, 인사부 직원 한 명으로 구성된 팀을 이끌고 있다. 어느 날 그녀는 팀 회의를 소집했고 이 자리에는 회사의 스타 세일즈맨인 샘도 참석했다. '밖은 정글이다.'라는 말을 가장 좋아하는 그는 세일즈를 하면서 겪은 무용담들로 유명한 사원이었다.

샘은 정말로 유능했지만, 회의 시간에 갖가지 무용담을 늘어놓는 습관이 있었다. 물론 그런 얘기들은 들어두면 유익한 교훈들로 가득했다. 그러나 마진은 늘 시한에 쫓기는 관리자인 만큼 고민이 많을 수밖에 없었다. 거칠게 샘의 말을 끊었다가는 유능하지만 다혈질인 샘의 반발만 사서 팀 전체의 사기에도 별로 좋지 않을 것 같았다. 고심 끝에 마진은 다음과 같은 피드백 전략을 써보기로 했다.

"샘, 아주 끝내주는데! 그때의 경험을 이번 과제와 연결시켜볼 방법도 물론 알고 있겠지?"

효과는 아주 괜찮았다. 물론 샘은 늘 '옆길로 새는' 버릇을 버리지는 못했지만 자신의 얘기를 회의 주제와 연결시키는 아주 좋은 습관을 갖게 됐다.

마진은 샘의 얘기가 길어지겠다 싶으면 "다른 사람들은 샘의 아이디어를 어떻게 생각해요?"라는 질문을 던짐으로써 회의 분위기를 환기하곤 했다. 또한 그녀는 그때까지의 회의 내용을 샘이 요약하게 하고 다른 사람들로 하여금 다음 회의의 주제를 말하게 하는 것으로 회의를 마무리했다.

'방향 잡아주기' 전략을 적절히 활용하기 위해서는 요령과 균형 감각이 필요하다. 사람들은 다른 사람들에게 회의나 대화 등의 주도권을 쥐려 한다는 인상을 주고 싶어하지 않는다. 또한 실없는 소리를 하거나 궤도를 이탈하는 사람과 불화를 일으키고 싶어하지도 않는다. 그러나 자기중심적이거나 주목받고 싶어하는 한두 사람 때문에 회의 분위기를 망치게 놔둘 수는 없는 노릇이다. 대화나 회의 등에서 자꾸 주제를 벗어나는 사람이 있을 경우 다음과 같은 전략을 사용하라.

- 주제와 관련된 질문을 던짐으로써 회의 등이 원래의 궤도로 돌아오도록 한다.
- 필요하다면 과감하게 주제와 상관없는 애기임을 지적한다.
- 그때까지 언급된 내용을 요약하여 들려준다.
- 주제를 자주 상기시킨다.

블로킹

미식축구 팬이라면 블로킹이 얼마나 중요한지 알 것이다. 블로커들이 없으면 수비진이 쿼터백과 리시버에게 쉽게 태클을 걸 것이다. 상대방은 계속 이야기를 하고 싶어하는데 정작 당신은 시간이나 에너지가 부족하다면 '블로킹' 전략을 활용해야 한다.

어느 금요일 오후, 애틀랜타 도심에 있는 법률회사의 사무장으로 일하는 마르코는 시간도 없고 에너지도 거의 바닥난 상태였다. 그는 몹시 지쳐 있었고 기차 시간도 촉박했다. 그가 퇴근하려고 자리에서 막 일어나려는 순간 동료인 클라우디아가 다가와서 자신의 주말 계획에 대해 이야기하기 시작했다. 그는 클라우디아에게 거짓으로 귀를 기울이는 척할 것인지 아니면 기차를 타기 위해 문을 향해 갈 것인지 고민했다. 결국 마르코는 클라우디아에게 자신이 그녀를 좋아하지 않으며 중요하게 생각하지 않는다는 인상을 주었을 뿐만 아니라 기차도 놓쳐버렸다.

블로킹 전략을 썼더라면 마르코는 기분 나쁘지 않게 클라우디아의 말을 끊을 수 있다. 몇 가지 유용한 블로킹 방법을 소개하면 다음과 같다.

- 최대한 빠르게 의자를 밀고 일어선다.
- 시계를 쳐다본다.
- 나중에 이야기하면 안 되는지 묻는다.
- 늦을 것 같다고 이야기한다.

듣기는 피드백을 완결 짓기 위해 없어서는 안 될 고리다. 피드백이 없으면 대화는 불완전하다. 효과적으로 피드백을 주고받는 법을 배움으로써 친구, 사랑하는 사람, 동료와의 관계를 개선할 수 있다.

7

경청으로 이성간의 대화를 바꿔라

정말 남자와 여자는 다르게 들을까?

듣기에 관한 한 남성들은 '공공의 적'이라고 할 수 있다. 그들은 잘 듣지 않고, 들어도 쉽게 잊어버리며, 섬세하지 못하고, 전혀 감성적이지 않다. 말하기를 좋아하고, 대화를 통해 교감할 수도 없다.

우리의 워크숍이나 강연회에 참석한 사람들이 반드시 물어보는 질문 중 하나는 '남성과 여성이 왜 이렇게 다르게 듣는가?'이다. 그들은 이성과 의사소통을 할 때 많은 혼란과 좌절과 당혹감을 경험한다.

예를 들어 여성들은 남성들이 걸핏하면 해결책을 들이밀어서 답답하다고 말한다. 여성들은 그저 자기 말에 동감하며 경청해주기를 바라는데 말이다. 이런 대화 속에서 여성들은 남성이 자기 말에 귀를 기울이지 않는다고 생각한다.

쉬어 하이트 박사는 4,500명의 여성을 대상으로 남편에게 가장 화날 때가 언제인지 물었다. 그러자 응답자 중 77퍼센트가 "내 이야기를 듣지 않을 때"라고 대답했다. 흥미롭게도 응답자의 85퍼센트는 여자친구가 좋은 이유로 아무런 판단도 내리지 않고 자신의 이야기를 들어주는 점을 꼽았다.

알린은 눈물을 참으며 집으로 들어섰다. 더 사려 깊은 청자가 되려고 노력하던 남편 스킵은 그녀의 기분이 엉망인 것을 알아채고 이렇게 물었다.

"당신, 당장 울 것 같은 얼굴이군. 무슨 일인지 이야기해봐요."

누군가의 따뜻한 위로를 필요로 하던 그녀는 이야기를 시작했다. 그러자 긴장이 풀리기 시작했고 그 어느 때보다 스킵이 친밀하게 느껴졌다. 그러나 그녀가 직장에서 겪은 일에 대해 모두 털어놓았을 때, 스킵은 어느새 예전의 모습으로 돌아가 이렇게 말했다.

"알린, 당신은 이렇게 해야 할 것 같아. 그러니까……."

알린은 갑자기 머릿속이 서늘해지는 것 같은 기분이 들었다.

우리 연구소에는 남녀의 차이에 관해 관찰한 것이 맞는지 확인하고 싶어하고 더 나아가 남성과 여성 중 어느 쪽이 더 나은 청자인지 알고 싶어하는 사람들의 문의가 많이 들어온다. 물론 그들은 이성을 더 잘 이해하고 이성과 더 원활하게 의사소통하는 전략도 배우고 싶어했다.

아마 이 책을 읽는 당신도 그러할 것이다. 남녀 간의 의사소통 문제, 특히 듣기성향과 관련한 문제를 올바르게 풀고 싶은가? 그렇다면 먼저 주의해야 할 것이 있다. 바로 남녀의 차이에 관한 고정관념에서 탈피하는 것이다.

남녀에 관한 고정관념이 한번 머릿속에 박히고 나면, 상대방의 행동이나 의사 표현을 제멋대로 해석할 우려가 있다. 심지어 다른 이성이 그렇게 오해하는 것을 넘어, 자기 자신마저도 그런 식으로 스스로를 재단해버리는 경우도 무수히 일어난다.

| 듣기와 관련된 남녀에 대한 고정관념 |

남자	여자
논리적 · 도덕적	감정적 · 무기력한
설득력 있는 · 자기중심적	자기를 내세우지 않는 · 수용적인
분석하는 · 참을성 없는	고분고분한 · 관심 있는
지시적인 · 강한	개인적인 · 동정적인
요점 있는 · 방어적인	소심한 · 다른 사람을 배려하는
끼어드는 · 강압적인 · 무뚝뚝한	끼어들지 않는 · 인내심 강한
	복종적인 · 사려 깊은
	경청하는 · 이해심 있는

남자와 여자의 듣기,
실제로 얼마나 다를까

우리는 남성과 여성이 다르게 듣는다는 사실을 부정하고 싶지는 않다. 그들은 분명 다른 말을 하고 다른 말을 듣는다. 여기서는 우리의 연구 과정을 통해 확실하게 증명된 남녀의 차이를 소개하고자 한다. 다만 이 차이들은 일반적인 것이며 개인별로 많은 차이가 있을 수 있음을 염두에 두길 바란다. 대화에서 성공하고 싶다면, 이런 일반 성향을 알아두되 "남자라서 저래, 여자라서 저래." 하는 식으로 쉽게 예단하지 않는 것이 중요하다.

남성은 뇌의 반쪽만 사용하여 듣는다

앞서 살펴본 고정관념들을 살펴보면 대다수의 사람들이 남성보다는 여성이 상대방의 말을 더 효과적으로 듣는다고 생각하는 것 같다. 확실히 남성보다는 여성이 언어적, 비언어적 표현에 민감하게 반응한다. 놀랍게도 이것은 남녀 간의 생물학적 차이에 기인하는 것으로 보인다. 이것은 오른

좌뇌	우뇌
• 이성적	• 직관적
• 형식 논리적인 정보 처리	• 추상적으로 정보를 처리한다.
• 관계된 영역 　언어 　수학적 추론 　분석적 추론	• 관계된 영역 　공간적·시각적 정보 처리 　음악적 정보 처리 　형태심리학적(게슈탈트적) 정보 처리

손잡이에게만 해당된다. 왼손잡이의 경우는 이와 다르다.

사실 여성들은 좌뇌와 우뇌를 연결하는 다리 역할을 하는 뇌량이 더 커서 정보가 좌뇌와 우뇌 사이를 더 쉽게 오갈 수 있다.

좌뇌와 우뇌의 연결 정도는 어느 쪽이 무조건 좋거나 나쁘다고 판단할 근거가 되지는 못한다. 기본적으로 감정은 우뇌에서 처리되고 언어는 좌뇌에서 처리되기 때문에 남성들은 여성들만큼 효과적으로 감정을 언어로 표현하지 못한다. 반면 여성은 자신의 감정을 언어적으로 잘 표현한다. 그래서 말싸움을 할 경우 보통 남성보다 여성이 유리하다(부부 싸움에서 왜 남편 쪽이 번번이 지는지 이해가 될 것이다).

하지만 반대로 어떤 경우에는 그런 좌뇌와 우뇌 연결이 불리하게 작용할 때도 있다. 언젠가 한 리포터와 인터뷰를 하면서 남녀가 정보를 어떻게 처리하는지를 들려주었다. 그러자 그 리포터는 고개를 끄덕이며 자신의 경험을 털어놓았다.

"이제 나 자신에 대해 더 잘 알 것 같아요. 사실 지난밤에 남편과 함께 칵테일 파티에 참석했어요. 100명 이상이 모인 그 파티에서 남편은 내 상

사와 이야기를 나누더군요. 그들은 우리 프로그램의 시청률에 대해 이야
기를 나누었는데 나는 주위의 소음 때문에 도저히 대화에 집중할 수 없
었어요. 너무 시끄러워서 집에 가자고 했지요. 그러자 남편이 신기하다
는 듯 나를 쳐다보더군요. 나는 주변 사람들이 나누는 이런저런 대화를
조금씩 주워듣고 있었던 반면 남편은 내 상사와의 대화에만 집중했던 것
같아요."

남성들은 여성들에 비해 주위에서 들려오는 대화 등에 주의가 산만해지
지 않는 것처럼 보인다. 남성들은 한 번에 한 가지 메시지에만 초점을 맞
추는 반면, 정보를 처리할 때 양쪽 뇌를 모두 사용하는 여성들은 여러 가
지 메시지들이 한꺼번에 들려올 때 주의가 산만해지기 훨씬 쉽다.

ABC의 〈20/20〉에서는 남녀에게 동시에 두 가지 메시지를 들려주면서
그 중 하나에만 귀를 기울이게 했다. 그 결과 여성보다 남성이 한 가지 메
시지에 집중하여 듣는 것으로 밝혀졌다. 여성들은 다른 메시지에 의해 주
의가 산만해진 반면 남성들은 그 메시지에 거의 신경을 쓰지 않았다. 이
렇게 여성들은 주위에서 보이는 것, 들리는 것에 모두 주의를 기울이지만
남성들은 그들이 주의를 집중해 들은 것만을 주로 기억한다.

사람들은 남성의 말에 더 귀를 기울인다

공적인 대화나 강연에서는 더욱더 그렇다. 남녀 강사 중 누구의 말이 더
효과적으로 전달되는지 연구한 결과 사람들은 남성 강사의 말을 더 많이
기억하는 것으로 나타났다. 여성에 대한 편견이 개입되었기 때문은 아니

다. 남녀 모두 여성보다는 남성 강사의 말에 귀를 기울이는 것을 더 좋아
한다고 말했다.

엘리자는 동기 여성들 중에서 최초로 〈포춘〉이 선정한 100대 기업의 CEO
가 되려는 목표를 세우고 있었다. 그녀는 경영학과 법률학 학위뿐 아니라
성공에 필요한 자격 요건과 경험을 갖고 있었고, 열정과 의욕도 대단했다.
　그러나 엘리자는 첫 번째 팀 미팅에서 분노를 느꼈다. 그녀는 완벽하게
준비를 하고 유럽 시장에서 어떻게 매출을 신장시킬 것인지를 제안했다.
여덟 명의 남성과 두 명의 여성으로 구성된 팀은 그녀의 제안을 승인하고
다른 안건으로 넘어갔다. 30분도 지나지 않아 남성 동료인 미키가 엘리자
와 똑같은 제안을 했다. 그러나 아무도 엘리자가 앞서 같은 제안을 했다
는 것을 기억하지 못했고 그 아이디어는 전적으로 미키가 제안한 것으로
되어버렸다.

비슷한 상황들이 주위에서 흔하게 벌어진다. 그 이유가 궁금한가? 이것
은 매우 간단한 ‘표현의 문제’ 다. 여성들이 더 부드럽고 더 톤이 높은 목
소리로, 좀더 우회적 어법(예를 들면, “……라고 생각하지 않으세요?” “당신은
동의하지 않을지도 모르지만……” “좀 이상하게 들릴지도 모르지만……” 등)으
로 말하기 때문이다. 또한 여성보다는 남성의 말에 좀더 힘이 실려 있다
는 고정관념이 작용한 탓도 있다. 다행히도 이런 사실을 인식하고 노력하
면 이런 장애들을 극복할 수 있다.

남성은 정확한 단어를 기억하기보다는 대화의 요점을 이해한다

대화가 끝난 후 여성들은 정확한 단어와 문장들을 기억하는 경향이 있다. 반면 단어와 문장을 기억해야 하는 상황이 아니라면 남성들은 대화의 요점만을 기억한다. 남성들은 대화나 강의 중 다른 세부사항에는 주의를 집중하지 않고 오로지 기억해야 할 사실에만 귀를 기울이는 경향이 있다. 이런 차이는 남녀가 어느 쪽 뇌의 주도하에 정보를 처리하는가와 관련이 있다. 다음 두 가지 대화를 살펴보자. 첫 번째는 구스타프가 아내에게 말하는 방식이고, 두 번째 대화는 아내 거트루드가 남편에게 말하는 방식이다.

"오늘 장모님 봤어."

"어디서?"

"식품점에서."

"그래. 뭐라고 말씀하셔?"

"별말 없으시던데. 그냥 언제 오냐면서 주말에 뭘 준비해야 할지 물어보셨어."

"어제 식품점에서 어머님을 봤어. 주말에 손님 맞을 준비를 하고 계시던데. 애들이 좋아하는 걸 빠짐없이 샀는지 봐달라고 하시더라. 그리고 나에게는 초콜릿 디저트를 준비하라고 하셨어. 참, 언제 올 건지도 물어보셨어. 이번에도 갈비 구이를 준비하실 거래. 지난번처럼 너무 오래 익히지는 않을 거라고 하셨어."

"당신은 뭐라고 했어?"

"저메인은 토요일 오후에 공부를 해야 하고, 러브레이스는 밴드 연습이 있고, 당신은 고객과 약속이 있어서 언제 갈지 나중에 전화로 알려드리겠다고 했지."

여성은 남성보다 더 많은 질문을 한다

3장에서 살펴보았듯이 여성들 중에는 사람 지향적 듣기성향을 가진 사람들이 많다. 여성들은 질문을 던짐으로써 대화를 시작하거나 이끌어간다. 여성은 다른 사람에게 던질 질문들을 준비하면서 어떻게 질문들을 서로 연결시켜 대화를 이끌어갈지 생각한다. 그러나 불행히도 남성은 관심과 애정이 있어서라기보다는 자신을 믿지 못해서 질문을 해대는 것이라 느낀다. 연구 결과에 따르면 부부에게 대화를 하라고 하자 여성이 남성보다 다섯 배나 많은 질문을 했다고 한다.

결혼한 지 얼마 안 된 필리스는 자신이 남편의 일에 얼마나 관심이 많은지 보여주고 싶었다. 매일 남편의 차가 차고에 들어오는 소리가 나면 그녀는 남편 페이턴에게 무엇을 물어볼지 생각했다. 그리고 남편이 집 안으로 들어오자마자 귀갓길이 어땠는지, 판매 실적은 좋았는지, 내일의 일정은 어떻게 잡혀 있는지, 그들이 가장 좋아하는 식당에서 외식을 할 수 있는지 등등에 대해 물어보았다. 페이턴은 필리스의 끊임없는 질문에 위압감을 느꼈다. 결혼 한 달 후 그는 아내가 밤마다 퍼부어대는 질문공세에 두려움까지 느꼈다. 그는 그녀가 자신을 신뢰하지 못하고 있다고 생각했고 마침내 왜 그렇게 많은 질문을 하는지 물어보기로 했다.

다른 사람에게 관심을 보여주는 것은 관계를 형성하고 유지하는 데 도움이 된다. 그러나 질문을 퍼붓기 전에 미리 어떤 의도로 질문을 하는지, 몇 가지 질문을 할 것인지, 어떤 타이밍에서 질문을 할 것인지 등을 생각해두는 것이 바람직하다.

때론 남성도 여성만큼 능숙하게 감정을 해석한다

어떤 사람들은 개인차를 인정하지 않고 남녀 간의 차이를 일반화시켜 남성들은 무감각하고 여성들은 민감하다고 생각하는 경향이 있다. 각종 연구 결과와 서점에 나와 있는 서적들 그리고 개인적인 경험에 따르면 여성들은 말 속에 담겨 있는 감정적인 메시지를 남성보다 더 정확하게 해석하는 것으로 보인다.

그러나 남성들도 훈련을 통해 그런 능력을 키울 수 있다. 여성들은 분위기의 변화를 즉각 알아차리는 반면 남성들은 미묘한 언어적·비언어적 메시지를 확인하는 데 시간이 오래 걸리거나, 때로는 그런 메시지를 전혀 알아차리지 못하고 넘어가기도 한다.

그러나 교육, 표현력, 예술적 기교가 요구되는 직업을 가진 남성들의 경우 훈련을 통해 여성만큼 혹은 여성보다 더 능숙하게 비언어적 메시지를 해석했다. 그리고 간호, 정신의학, 사회사업, 상담, 교육 등과 관련된 분야에서는 다른 사람들의 감정과 느낌을 읽고 해석하는 아주 우수한 기술을 개발해 활용해왔다.

남자와 여자, 누가 더 잘 들을까

일반적으로 여성들은 다른 사람의 감정에 쉽게 동화되고 관계를 맺는 데 능숙하다는 강점을 지니고 있다. 반면 남성들은 내용에 초점을 맞추어 들으며 메시지의 일관성을 쉽게 간파한다. 여러분은 듣기에서 나타나는 남녀의 차이점을 포괄적으로 일반화하고 싶다는 유혹을 느낄지 모른다.

하지만 조사 결과, 남녀의 차이가 나타나는 것은 일부 영역에 불과했다. 즉, 어느 쪽이 더 붙임성이 있는가, 어느 쪽이 주의를 산만하게 하는 것들에 잘 대처하는가, 어느 쪽이 더 자주 상대방의 말에 끼어드는지 등 몇 가지 영역에서만 차이점이 눈에 띄었다.

붙임성

대개 남성보다는 여성들이 더 붙임성이 있는 것으로 보인다. 확실히 남성에 비해 여성이 직접적인 대결이나 분쟁을 피하려는 경향을 보인다. 대다

수 사회에서 여성은 남성보다 더 이해심이 깊고 협조적이며 민감하고 복
종적이며 동정적인 것으로 간주된다.

앨리스는 나무 농장에서 오랫동안 일을 했다. 농장에서 유일한 여성인 그
녀는 동료들로부터 높은 평가를 받았다. 그녀는 상사인 내시가 10대 아들
때문에 고민하자 그의 이야기를 기꺼이 들어주었고 주임 원예사인 칼로
스가 등 수술을 받기 위해 입원하자 잡지를 모아 병원에 보내주었다. 앨
리스는 일을 잘하기는 했지만 뛰어난 서류 작성자도, 뛰어난 타이피스트
도 아니었다. 상대방의 입장에 동감하며 이야기를 들어줌으로써 그녀는
상대에게 용기를 주었고 그런 능력 덕분에 실제보다 더 뛰어난 능력의 소
유자로 인정받았던 것이다.

위의 예를 보면 붙임성이 좋으면 친구나 동료들에게 높은 평가를 받는다
는 것을 알 수 있다. 그러나 너무 자주 상대방의 의견을 따라간다면 설득
력, 진실성, 능력이 부족한 것으로 여겨질 수도 있다.

주의를 산만하게 하는 것들에 대처하기

소년들은 선택적으로 듣고 주의를 산만하게 하는 것에는 귀를 닫아버림
으로써 쏟아져 들어오는 많은 양의 정보를 조절한다. 일부 전문가들은 어
린 소년들이 소란스러운 유치원 시절과 초등학교 시절을 보내면서 주변
에서 들려오는 것들에 귀를 닫아버리는 법을 배우는 것으로 생각한다. 마
찬가지로 대부분의 초등학교 교사들이 여성이기 때문에 소년들은 남성보

다는 여성의 목소리에 귀를 기울이지 않게 되는 것인지도 모른다. 아마 이와 같은 이유에서 남성들이 지배하는 비즈니스 환경에서도 여성들의 목소리가 별 영향력을 갖지 못하는 것인지 모른다.

로브는 미국 동북부 출신으로 그의 가족들은 말도 빨리 하고 행동도 민첩했다. 반면 부인 캐럴은 더 느긋하고 태평한 남부에서 자라났다. 얼마 전 로브는 상대방의 말에 제대로 귀를 기울이지 않는 의사소통 방식 때문에 아내와 불화를 겪었다.

어느 날 로브가 차고에서 일하고 있는데 캐럴이 들어와 이야기하기 시작했다. 로브는 일을 하면서 아내의 말을 듣는 척했다. 때로는 웃었고 때로는 고개를 끄덕이며 "응, 그래." 하고 맞장구까지 쳤다. 몇 분 후 캐럴이 말했다. "좋아요. 당신이 이해해줘서 기뻐요." 그때 로브가 고개를 들고 아내를 쳐다보며 말했다. "뭘 이해한다는 거요?" 그러자 화가 난 캐럴은 쿵쿵거리며 나가버렸다.

누가 잘못한 것일까? 대부분의 사람들은 로브가 듣는 척한 것이 잘못이라고 말할 것이다. 그러나 캐럴의 태도를 한번 살펴보자. 만일 그녀가 로브의 주의가 산만한 것을 지적하며 자신의 말에 좀더 귀를 기울여달라고 했다면 어땠을까? 아마 로브는 그녀의 말을 경청했을 것이다.

콜린과 타완다는 30명의 텔레마케터들과 함께 칸막이가 된 작은 사무실에서 일했다. 사무실은 때로 너무 시끄러워서 텔레마케팅 책임자인 메리 앤이 여기저기 돌아다니며 조용히 하라고 지시해야 했다. 그러나 콜린은 그런 소음에 전혀 개의치 않았기 때문에 메리 앤의 지시를 이해할 수가 없었다. 그는 주변의 소음에는 귀를 막고 장차 자신의 고객이 될지도 모르는 사람과의 통화에 에너지를 쏟을 수 있었다.

반대로 타완다는 그렇게 시끄러워질 때까지 아무 조치도 취하지 않는 메리 앤에게 종종 불만을 느꼈다. 주위가 너무 시끄러워지면 그녀는 자신이 무슨 생각을 했는지 잊어버리고 미래의 고객에게 들려준 중요한 정보를 기억할 수 없었다.

앞서 언급했듯이 남성들은 주의를 산만하게 하는 것들을 더 잘 통제할 수 있다. 반면 여성들은 주의를 산만하게 하는 것들을 통제하는 데 어려움을 겪는다.

다른 사람의 말에 끼어든다

세 살 정도 되면 남자아이들은 여자아이들의 말에 더 자주 끼어든다. 세 살 버릇 여든 간다는 속담처럼 이런 경향은 나이를 먹어도 여전하다. 예를 들어 남녀 중개인을 비교 연구한 결과에 따르면 여성보다는 남성이 두 배 정도 더 자주 고객의 말에 끼어드는 것으로 나타났다. 하지만 또 다른 연구 결과에 따르면 교육 수준이 높은 여성들의 경우 대화 중 다른 사람의 말에 끼어드는 횟수가 남성보다 더 많은 것으로 나타났다.

엘리스와 마조리는 텍사스 설파에 있는 정유공장의 선임 엔지니어들로 경쟁관계에 있었다. 엘리스는 행동 지향적 듣는 사람으로 기술적인 문제에 대해 이야기를 나눌 때면 일반 근로자들의 말을 가로채는 경향이 있었다. 근로자들 중 일부는 그런 그의 태도를 기분 나쁘게 생각했고, 공장장인 클라이브에게 불평을 했다.

반대로 마조리는 일반 근로자들이 생산 공정과 관련된 이야기를 완전히 끝낼 때까지 귀를 기울인 다음에야 그들에게 질문을 던지곤 했다. 근로자들은 클라이브에게 마조리가 더 유능한 엔지니어라는 피드백을 주었다. 결국 엘리스는 남의 말을 가로채는 버릇 때문에 마조리와의 경쟁에서 뒤처져 승진하지 못했다.

앞서 말했듯이 사회적으로 학습된 남녀 간의 차이 때문에 듣기 기술이 영향을 받을 수 있다. 듣기 기술은 기본적으로 사회화 과정을 통해 학습되기 때문에 노력한다면 바꿀 수 있다. 따라서 당신의 성별이 무엇이든 자신의 장점을 살리는 동시에 서로의 장점을 배우기 위해 노력하는 것이 바람직하다고 할 수 있다.

남녀의 대화에 대한 고정관념을 버려라

대부분의 듣기 기술은 학습되는 것이므로 남녀 모두 새로운 기술을 습득하는 것이 가능하다. 5장에서 이야기했듯이 듣기 습관은 적절한 훈련 유인, 연습(TIP)으로 변화시킬 수 있다. 남녀가 서로에게 귀를 더 잘 기울이고 더불어 관계를 더욱 발전시킬 수 있는 전략을 살펴보자.

남녀에 대한 고정관념을 버려라

앞에서 듣기와 관련하여 남녀에 대한 몇 가지 고정관념들을 살펴보았다. 고정관념은 사람들이 어떻게 행동하고 반응할지 추측을 할 때 유용하게 활용할 수 있다. 그러나 고정관념은 부정확하고 개인차 등을 전혀 고려하지 않는다. 듣기와 관련하여 남녀에 대한 몇 가지 부정적인 고정관념에는 다음과 같은 것들이 있다.

- 남성은 감정을 표현하지 않는다.
- 여성은 결단력이 부족하다.
- 여성은 다른 사람들을 기쁘게 해주고 싶어한다.
- 남성의 목소리는 정보 전달에 적합하다.
- 여성의 목소리는 약하고 감정적이다.
- 남성은 친밀하고 돈독한 관계를 만들어내지 못한다.
- 남성은 비언어적 메시지를 읽지 못한다.

감정이입하는 법을 배워서 활용하라

남녀 모두 감정이입하는 능력이 있다. 그러나 사람들은 남성보다는 여성이 더 쉽게 감정이입을 할 수 있다고 생각한다. 만일 당신이 다른 사람의 입장을 이해하지 못한다는 말을 들었다면, 그리고 감정이입에 대해 좀더 배우고 싶다면 이렇게 해보라.

1단계 다른 사람의 입장이 되어 그 사람처럼 생각하라.
2단계 감정이입을 했다면 표현을 하라.

'표현'은 상대와의 관계를 개선하는 데 유용하게 활용할 수 있다.

감정이입을 위해서는 다른 사람들이 어떻게 느끼고 생각하는지 정확하게 파악해야 한다. 따라서 먼저 상대방의 언어적·비언어적 메시지에 호응해야 한다. 이때 솔직한 비언어적 메시지와 진실한 말투를 사용하는 것이 중요하다. 다음과 같은 어구들을 사용하면 화자가 어떻게 느끼는지 아는 척하지 않고도 상대방에게 감정이입의 반응을 보여줄 수 있다.

- 어쩌면 ……일 수 있겠지?
- 내 이야기가 틀렸다면 바로잡아줘.
- ……일 수도 있잖아?
- 너는 ……인 것 같아.
- ……라는 인상을 받았어.
- ……인 것 같은데.

상대방의 생각이나 느낌을 정확하게 파악했다는 확신이 들면 다음과 같은 표현을 사용할 수 있다.

- 너는 ……라고 말한 거지?
- 너는 ……라고 생각하는 거지?
- 너의 견해에 따르면……
- 그래서 너는 ……라는 거지?
- 그래서 ……라고 생각하는 거지?

성과 관련된 비효과적인 듣기 습관을 바꾸라

대개 사람들은 말을 통해 다른 사람들에게 자신의 견해를 이해시키고 그들의 행동을 변화시키려 한다. 그러나 앞에서도 지적했듯이 말하는 사람보다는 듣는 사람이 주도권을 쥐고 있다. 따라서 스스로 듣기 습관을 바꾸고 고정관념이나 학습을 통해 습득한 부정적인 습관에서 벗어나야 한다. 우리는 다른 사람이 변하게 할 수 없으므로 스스로 나쁜 듣기 습관을 버려야 한다. 남녀별로 버려야 할 듣기 습관에는 다음과 같은 것들이 있다.

남성은 다음과 같은 점에 주의하라.

- 상대방의 말에 끼어들지 마라.
- 여성은 모든 것을 말로 표현하지 않는다는 것을 기억하라.
- 감정을 이해하고 해석하기 위해 노력하라.
- 여성이 화를 내거나 불평을 할 때는 해결책을 제시하지 마라. 그냥 들어주라.
- '나' 보다는 '우리' 라는 단어를 사용하라.
- 사람 지향적 듣기성향에 적응하라.

여성은 다음과 같은 점에 주의하라.

- 더 단정적인 말투를 사용하라.
- 남편이 집에 돌아오면 너무 질문을 퍼붓지 마라.
- 당신이 말을 할 때 남성이 너무 자주 끼어들어도 참아라.
- 남성들의 언어적 · 비언어적 메시지에 너무 많은 감정적 의미를 부여하지 마라.
- 남성의 목소리가 너무 크게 느껴져도 위축되지 마라.
- 행동 · 내용 · 시간 지향적 듣기성향에 적응하라.

8

가족의 벽을 무너뜨리는 경청의 힘

짜증내지 않고 어린이의 말을 듣는 법

우리는 종종 말을 제대로 못하는 사람들을 만난다. 또한 전혀 다른 방식으로 말을 하거나 매우 껄끄럽게 말하는 사람들도 있다. 그런 사람들의 말을 정말 듣고 싶지 않다. 반대로 감성이나 생활환경, 혹은 세대 차이 때문에 대화가 통하지 않을 때도 있다.

실제로 사회의 주류인 20~50대들은 어린이나 청소년, 노인 세대와의 대화를 기피하는 경향이 있다. 지식이 부족하고, 철이 없고, 지나치게 고리타분하기 때문이다. 하지만 우리 사회는 이런 대화 기피로 인해 매우 심각한 위협을 받고 있다. 힘들더라도 20~50대의 성인들은 '그들'의 말을 경청할 수 있어야 한다. 그리고 생각보다 그들의 말을 경청하는 것은 어려운 일이 아니다.

아이의 말에 귀를 기울일 때는 주의를 기울여야 한다. 아이의 언어 구사력은 급속도로 발달하고 아이가 말을 배우려는 동기 또한 높다. 그러나 말하고자 하는 것에 비해 아이의 어휘력과 표현력은 부족하다. 아이는 어른과 의사소통할 때 주목받기를 원하며 또한 주목받아야만 한다.

초등학교 1학년인 마이클은 담임인 커비 선생님에게 질문을 하고 싶었다. 그러나 다른 아이의 책상에 앉아 있던 커비 선생님은 마이클이 손을 들고 자신을 부르는 소리를 듣지 못했다. 선생님이 아무 대답이 없자 마이클은 선생님에게 다가가 그녀의 얼굴을 두 손으로 감싼 다음 자신을 향해 돌리고는 질문을 했다.

여기서 마이클은 커비 선생님이 자신의 얼굴을 바라보며 자신에게만 귀를 기울여줄 것을 원했다. 어린아이들과 의사소통할 때는 아이들의 얼굴을 바라보며 그들의 말에만 귀를 기울이는 것이 중요하다. 표정으로, 그리고 눈빛으로 아이에게 주목하고 있음을 보여주어야 한다.

듣는 태도에서도 아이에게 모범이 되어야 한다. 원하건 원하지 않건 우리는 주변 아이들에게 청취 모델이 된다. 특히 자녀들이나 자주 만나는 아이들에게는 상상하는 것보다 훨씬 더 큰 영향을 미칠 수 있다. 부모나 교사의 듣기성향이 성장하는 아이들의 듣기성향에 영향을 준다는 것을 염두에 두길 바란다.

엘리아스는 혼자서 다섯 살짜리 아들 로빈을 키우고 있다. 어느 날 로빈은 텔레토비 시리즈를 보고 있었고 엘리아스는 신문을 읽고 있었다. 마침 텔레비전에는 심술쟁이가 등장해 약한 아이를 괴롭히는 장면이 나왔다.

로빈은 왠지 불안하고 주의가 산만해 보였다. 아이는 텔레비전을 보다 말고 엘리아스에게 다가왔다. 로빈은 관심을 끌기 위해 엘리아스의 다리를 툭툭 치며 말했다. "아빠, 나 마조리가 싫어."

엘리아스는 신문을 치우고 텔레비전 소리를 줄인 다음 걱정스러운 눈으로 아들을 바라보았다. "무슨 일이 있었니?" 로빈은 고개를 숙였다. 약간 풀이 죽고 당황한 것 같았다. 엘리아스는 이렇게 덧붙였다. "좋아. 말하고 싶지 않으면 하지 않아도 돼."

로빈은 금방 울음을 터뜨릴 것 같은 표정을 짓더니 마침내 말했다. "브라운 선생님한테 나를 고자질했어."

엘리아스는 화난 표정을 짓지 않고 유쾌한 얼굴로 말했다. "마조리 말이 정말이었어? 아니면 거짓말을 한 거야?"

로빈은 훌쩍거리며 말했다. "아빠, 진저를 못살게 굴려고 그런 건 아니었어. 걔가 욕을 하기에 화가 나서 밀었는데, 그만 그애 옷에 흙이 묻고 말았어."

엘리아스는 평정을 잃지 않고 말했다. "진저의 일을 말해줘서 기쁘구나. 사람을 미는 건 착한 일이 아니야. 그 이야기는 나중에 하자. 그리고 다음에 또 그런 일이 있으면 바로 이야기해야 해. 알았지?"

로빈은 고개를 끄덕이고서는 아빠를 끌어안았다.

위의 사례에는 어린아이들과 이야기할 때 도움이 되는 5가지 비결이 제시되어 있다. 엘리아스는 로빈과 이야기할 때 그 비결을 모두 활용했다. 그 비결은 다음과 같다.

아이들이 이야기할 때 그들과 시선을 맞춰라

이야기를 들을 때 부드러운 눈으로 아이들을 바라보며 관심을 표현하라. 가능하면 아이의 얼굴을 바라보며 아이의 말에만 귀를 기울여라.

어린이들이 뭔가 말하려고 할 때는 참고 기다려라

아이들의 머릿속은 새로운 생각들과 단어들로 가득 차 있다. 생각들을 문장으로 표현하기 위해서는 시간이 걸린다. 감정적인 문제일 경우 시간은 더 걸린다.

주의를 산만하게 하는 것을 제거하라

신문 등 읽을거리를 치우고 텔레비전의 소리를 줄이고 컴퓨터 화면에서 시선을 떼라. 그렇게 주의를 산만하게 하는 것을 없앤 다음 아이에게 주의를 집중한다.

당신의 반응이 어떤 영향을 미칠지 생각하라

아이들은 어른들의 반응, 하다못해 비언어적 반응에도 아주 민감하다. 말투, 표정, 찡그림, 미소 등은 아이가 어른의 메시지를 해석하는 데 영향을 미친다.

질문을 통해 관심과 흥미를 보여주라

질문은 관심과 걱정을 나타낸다. 짧고 간단하게 질문하라. 이렇게 질문을 하면 아이들이 듣기 기술을 습득하는 데 도움을 줄 수 있다.

화내지 않고 청소년과 대화하는 법

10대의 부모, 교사, 친구, 친척이라면 10대와의 의사소통 통로를 열어두는 것이 얼마나 어려운지 절실히 깨닫고 있을 것이다. 10대들은 독립적인 존재가 되려고 애쓰면서 권위를 거부한다. 때문에 권위의 상징이라 할 수 있는 부모와의 의사소통을 차단하는 경향이 있다. 어린이들과 대화할 때 쓰는 전략이 10대와 대화할 때도 반드시 성공을 거두는 것은 아니다. 질문을 던지고 시선을 맞추는 전략은 10대들의 마음 깊은 곳에 있는 감정과 생각들을 공유하는 데 오히려 방해가 되기도 한다.

캐롤린과 매니는 열다섯 살인 아들 톰이 마약을 사용하는 것 같은 느낌을 받았다. 톰은 항상 방문을 잠근 채 틀어박혀 있었고 방에는 괴기스러운 록 가수의 포스터가 붙어 있었다. 또한 몇 번 경찰에 불려갔던 아이들과 어울려 다녔다. 매니는 뭔가 조치를 취해야겠다고 생각하고서는 톰에게

방에서 나와 남자 대 남자로 이야기하자고 했다. 매니는 아들을 서재로 부른 다음 책상을 사이에 두고 마주 앉았다. 톰이 고개를 숙이고 시선을 피하자 매니가 명령하듯 말했다. "내 눈을 봐." 그러고는 질문과 비난을 쏟아부었고 10대 아들은 제대로 대답하지 않았다. 결국 톰은 아버지의 심문이 끝나기도 전에 서재 밖으로 뛰쳐나가 버렸고 매니는 깊은 좌절감을 느꼈다. 매니는 아들과 대화를 시도했으나 실패했다는 이야기를 아내에게 했다. 그러자 캐롤린은 아침에 톰을 등교시키면서 다시 한 번 이야기를 해보겠다고 했다.

다음 날 아침 캐롤린은 차 운전석에 앉아 시동을 걸었고 톰은 평소처럼 우울한 모습으로 운전석 옆자리에 올라탔다. 캐롤린은 어제 아빠에게 혼나는 것을 들었다며 괜찮으냐고 물었다. 두 모자는 앞을 바라보고 있었기 때문에 톰은 즉시 대답해야 한다는 압박감을 느끼지 않아도 되었다. 그는 뭔가 중얼거렸고 캐롤린은 그냥 가만히 있었다. 그녀는 아들에게 엄마와 아빠가 그를 무척 사랑하고 있으며 문제가 있으면 돕고 싶다고 말했다. 10분간 차를 타고 가면서 톰은 마약과 관련된 어떤 이야기도 꺼내지 않았다. 대신 그는 다른 이야기들을 털어놓기 시작했다.

그 후 아침마다 차를 타고 가면서 캐롤린과 톰은 조금씩 마음을 열어 대화를 나누었고 마침내 톰은 자신이 풀 수 없는 문제들을 자발적으로 털어놓기 시작했다. 그리고 마약 문제도 털어놓았다.

〈USA 투데이〉에 실린 이 기사는 부모와 10대 자녀가 차에서 나누는 대화가 얼마나 효과적인지를 보여준다. 이 기사는 특히 성과 마약 같은 민감한 문제에 대해서는 자동차에서 이야기를 나누는 것이 좋다고 지적하고 있다. 왜냐하면 부모와 자녀가 앞을 보고 있어 서로의 얼굴이 붉어지는 것을 민망하게 여기지 않아도 되기 때문이다. 자동차를 타고 가는 동안 10대 자녀는 어쩔 수 없이 이야기를 들어야 하며 자동차 내에는 주의를 산만하게 하는 것도 거의 없다는 점이 장점으로 지적되었다. 그러나 자동차에서 대화를 나눌 때에도 회의에서와 마찬가지로 간단한 수다 등으로 워밍업을 한 다음 본론으로 들어가는 것을 잊지 말아야 한다.

물론 자동차를 타고 갈 때 그냥 10대들의 대화에 귀를 기울이는 것도 좋다. 차에 10대들을 여럿 태우고 가면서 그들의 대화에 귀를 기울이다 보면 많은 것을 파악할 수 있게 된다. 대화에 귀를 기울임으로써 부모는 10대 자녀에게 어떤 친구가 필요한지를 알 수 있다.

10대에게 귀를 기울일 때 기억해야 할 5가지 비결은 다음과 같다.

너무 많은 질문을 하지 않는다

부모가 엿듣는다거나 심문한다는 생각이 들면 10대들은 즉시 입을 닫아버린다.

비판을 할 때는 가려서 하라

레슬링에 비유하자면 비판할 때는 언제 '매트 위에 엎어져야 하는지'를 알아야 한다. 비판적인 말을 너무 많이 하면 잔소리를 하는 것 같아서 그만큼 효과도 떨어진다.

정보를 공유하기 위해 노력하라

대화의 통로를 열어두는 것이 기본 목표이기 때문에 10대가 입을 열게 해야 한다. 특히 부정적이거나 민감한 정보가 들어 있을 경우에는 10대가 대화를 주도하게 하라.

10대가 말하고 싶어할 때는 들어주라

가장 중요한 것은 타이밍이다. 만일 10대의 입을 열게 하고 싶다면 시간을 내 그들에게 귀를 기울여주라. "지금은 안 돼." "나중에 들을게."라고 말하면 그들의 문제가 얼마나 중요한지 이해하지 못한다는 인상을 준다.

대화하기 적당한 장소를 찾아라

이미 말했듯이 자동차는 종종 훌륭한 대화 장소가 된다. 해변, 공원, 바위, 수영장 등에 나란히 앉아 대화를 나누는 것도 효과적이다. 식탁이나 책상을 사이에 두고 마주 보고 앉는 것은 나란히 앉거나 비스듬히 앉는 것에 비해 효과가 떨어진다.

노인의 말을 '가슴'으로 듣는 법

겁에 질린 시시는 눈물을 흘리며 친정집 부엌에 앉아 있었다. 포근하기만 했던 어린 시절의 집은 이미 기억 저편에 있었다. 도대체 어머니에게 무슨 일이 일어난 것일까? 왜 그녀는 그렇게나 공격적으로 변한 것일까? 왜 그녀는 갑자기 15년 전에 그만둔 직장 이야기를 꺼내는 것일까?

시시는 몇 달 후에야 어머니가 알츠하이머 초기 단계라는 것을 알게 되었다. 처음에 그녀는 어머니가 혼란스러운 말을 하고 환상에 사로잡히면 그것을 바로잡아주려 했다. 그러나 그럴 때마다 어머니는 더 흥분하면서 화를 냈다. 이제 그녀는 어머니의 말에 귀를 기울여주고 맞장구를 쳐주는 것이 더 낫다는 것을 깨달았다.

예를 들어 어머니가 열린 창문으로 새가 들어와 방 안을 날아다닌다고 하면 시시는 "엄마, 새는 없어. 창문도 닫혀 있고."라고 말하는 대신 새를 창 밖으로 쫓고 창문을 닫는 시늉을 한다.

알츠하이머 환자에게 귀를 기울이는 것은 오히려 쉬울 수 있다. 대부분의 노인들에게 귀를 기울이는 것이 더 어렵기 때문이다. 불행히도 우리 사회, 특히 언론은 노인의 모습을 귀도 잘 들리지 않고, 몸도 쇠약하고, 정신이 오락가락하고, 두뇌작용도 느린 이미지로 만들어냈다. 그래서 노인을 방문할 때면 불편한 감정을 느끼는 사람들이 많다. 그러나 연구에 따르면 귀가 잘 들리지 않는 노인의 경우 그런 불리함을 극복하기 위해 대화에 더 주의를 집중한다고 한다. 따라서 나이 든 사람과 대화를 나누거나 그들의 말에 귀를 기울이는 것은 생각만큼 어렵지 않다.

에인절은 최소한 그의 어머니 말에 따르면 완벽한 아들이다. 그는 아버지가 돌아가신 후 매일 오후 어머니에게 안부 전화를 한다. 아들과의 통화는 짧지만 그녀의 삶에 가장 중요한 순간이다. 1주일에 적어도 한 번 정도는 전화를 끊는 것이 너무 아쉽게만 느껴졌다. 그녀는 아들에게 말할 것을 잊어버릴까 봐 주머니에 작은 수첩을 넣고 다니면서 낮에 있었던 일을 적었다. 그녀는 적어둔 것을 모두 이야기한 후에도 금전 문제에 대해, 손자의 안부나 날씨에 대해, 그리고 다음 번 방문에 대해 이야기를 나누었다. 에인절은 가끔 거의 말도 하지 않고 그냥 듣기만 했다. 그는 관심을 갖고 참을성 있게 귀를 기울이는 것이 얼마나 중요한지를 깨닫고 있다.

푸대접받는 것을 좋아할 사람은 없다. 특히 노인들은 무례한 대접에 민감하다. 누군가가 소리를 지르고 비판을 하며 재촉을 하고 얕보는 태도로 이야기하면 화가 나고 당황한다. 이 경우 노인은 자신이 무능하고 아이

같은 대접을 받는다고 느낀다.

최적의 듣기 환경을 만들기 위한 제안

● 보청기를 끼고 있는 사람에게도 평소의 목소리로 말한다.

● 보청기를 끼고 있는 사람과 대화할 때는 사람들이 많이 모인 장소를 피한다. 주위의 소음 때문에 잘 들을 수가 없기 때문이다.

● 정상적인 속도로 말하라. 만일 필요하다면 상대방이 천천히 말하라고 이야기할 것이다.

● 손을 잡아줌으로써 당신이 귀를 기울이고 있다는 확신을 주라.

● 시선을 마주침으로써 흥미와 관심을 보여주라.

● 이미 몇 번 들은 이야기라도 집중하여 들어라.

9

경청은 성공을 부르는 대화습관이다

경청하는 사람은 이것이 다르다

우리는 세미나를 시작하기 전에 참가자들에게 주변 사람들 중 남의 말을 듣는 태도가 가장 좋은 사람은 누구이며, 그가 지닌 특징 서너 가지 정도를 적어보라고 요구한다. 참가자들은 남의 말을 가장 잘 들어준다고 생각하는 사람들을 묘사하면서 그들에 대한 호감을 드러낸다. 이렇게 깊은 애정을 품고 있는 사람들을 가장 듣기 태도가 좋은 사람으로 꼽는 것은 우연이 아니다.

참가자들이 과제를 끝내면 우리는 차트에 참가자들이 나열한 특징들을 적어본다. 그리고 얼마나 많은 특징들이 겹치는지 살펴본다. 그리고 마지막으로 참가자들에게 그 특징들 중 자신이 지니고 있는 점이 있는지 점검해보게 한다. 그리고 어떤 특징을 지니고 싶은지도 점검하게 한다. 듣는 사람들이 자신과는 다른 듣기성향과 관련된 특징들을 선망하는 것은 그다지 놀라운 일이 아니다. 우리는 그들의 답변을 기록하고 참가자들 개인의 자기계발 계획에 반영한다. 참가자들이 나열한 특징 중 가장 자주 언급되는 것들은 다음과 같다.

참을성, 동정심, 애정, 이해, 이타심, 집중, 균형 감각, 관대함, 개방성, 사려 깊음, 지적 능력, 감정이입, 열중.

듣기 태도가 좋은 사람들에게서는 우리가 가치 있게 생각하는 특징들을 쉽게 발견할 수 있다. 좋은 청자가 보여주는 여러 가지 행동과 더불어 위에 나열한 여러 특징들은 최근에야 평가를 받기 시작했다. 〈하버드 매니지먼트 업데이트〉에서는 듣기 기술이 아주 탁월한 관리자에 대해 다음과 같이 묘사하고 있다.

당신은 질문을 던진 후 상대방의 대답을 재촉하지 않고 그저 그를 바라보며 가만히 앉아 있다. 당신은 메모를 하기도 하고 상대방 쪽으로 몸을 숙이기도 하며 가끔은 동의한다는 표시로 고개를 끄덕인다. 당신은 그렇게 자신이 듣는 단어 하나하나를 중요하게 생각한다는 것을 보여준다. 아무 말 하지 않고 상대방의 말에 반응만 함으로써 상대로부터 완벽하게 정보를 빨아들이고 있으며, 진정으로 그의 말에 귀 기울이고 있음을 알게 한다.

영업이나 관리뿐 아니라 어떤 일을 하건 위에 묘사된 것과 같은 개방적이고 사려 깊고 아무런 판단도 내리지 않는 듣기 기술을 활용하면 의사소통과 상호이해, 그리고 관계 맺기에 도움이 된다.

경청의 힘을 얻기 위한 전략

제1장에서 살펴보았듯이, 다른 사람들에게 관심을 보여줄 때 효과적인 듣기는 보상을 받는다. 효과적인 듣기 기술은 일상적인 상호작용에서도 매우 유용하지만 다음과 같은 경우 더욱 가치가 있다.

- 관계를 맺을 때
- 다른 사람의 견해나 동기 등을 이해하지 못할 때
- 다른 사람과 시각이 다를 때
- 다른 사람이 화를 내거나 우울해할 때
- 상대방에게 피드백을 주거나 피드백을 요구할 때

직장이나 가정에서 인간관계를 향상시키기 위해 활용할 수 있는 듣기전략을 소개하면 다음과 같은 것들이다.

언제 침묵하고 언제 말을 해야 할지 알아야 한다

"만물은 제때가 있나니."라는 말이 있다. 누군가와 대화를 할 때도 말을 해야 할 때와 남의 말을 들어야 할 때가 있다. 귀를 기울여야 할 때와 말을 해야 할 때를 아는 것, 서로 다른 두 가지 역할을 제때 수행하는 것이야말로 남의 말을 효과적으로 들을 수 있는 비결이다.

팻은 활동적인 사람이다. 그녀는 '아드레날린' 광이다. 그녀는 별로 애쓰지 않아도 대화를 이끌어갈 수 있다. 그러나 가만히 입을 다물고 남의 이야기를 듣는 것은 무척이나 어려운 일이다. 그녀는 남의 말을 들을 때면 손가락으로 테이블 위를 두드리거나 발을 흔들거나 자동차 열쇠로 장난을 친다. 이제 그녀는 대화를 할 때마다 자신이 얼마나 오랫동안 떠들어대는지, 다른 사람의 말에 얼마나 자주 끼어드는지를 생각한다. 그녀는 아직도 가야 할 길이 멀다고 털어놓았다.

외향적인 사람들, 에너지가 넘치는 사람들, 활동적인 사람들은 입을 다물고 조용히 상대방의 말에 귀를 기울이는 단순한 행동을 무척이나 불편해한다. '침묵'을 효과적으로 활용하기 위해서는 적어도 다음 4가지를 우선 실천할 필요가 있다.

- 몇 초 동안 멈추었다가 대답한다.
- 침묵을 정상적인 대화의 일부로 받아들인다.
- 대화를 할 때에는 말하는 것과 듣는 것 사이의 균형을 맞추기 위해 애쓴다.

● 침묵도 편안하게 느껴지도록 잠시 상대방과 눈을 마주치지 않는다.

'뚜껑을 덮어라' : 감정 조절하기

감정은 경이로운 것이다. 단, 우리의 몸과 정신을 지배하기 전까지만 그렇다.

페이스의 가족들은 공개적이고 직접적으로 의견을 표현한다. 그 때문에 논쟁이 벌어지면 종종 언성이 높아지고 통제할 수 없는 지경이 되기 일쑤였다. 대학교에 들어간 페이스는 로레타와 룸메이트가 되었다. 그녀는 로레타의 옷, 헤어스타일, 심지어 남자친구 등에 대해 아무런 주저 없이 비판을 했다. 로레타는 결국 기숙사 카운슬러인 지닌에게 룸메이트를 바꿔달라고 했고 이 말을 들은 페이스는 충격을 받았다. 페이스는 정말 로레타를 좋아했고 그녀와 좋은 친구 사이라고 생각했던 것이다.

몇 번의 상담을 받은 페이스는 자신의 솔직한 말들이 로레타의 마음을 얼마나 상하게 했는지 깨닫고 앞으로는 주의하겠다고 약속했다. 그러나 페이스의 뿌리 깊은 습관은 쉽게 고쳐지지 않았다. 페이스는 때로 깜빡 잊고 자신의 의견을 솔직하게 털어놓곤 했다. 결국 로레타는 다시 지닌을 찾아왔다. 지닌은 로레타를 설득하여 페이스에게 2주 정도 시간을 더 주기로 했다. 또한 지닌은 페이스가 변하기를 기다리지 말고 페이스의 말에 적절한 반응을 보이라고 조언했다. 처음에는 어려웠지만 로레타는 곧 자신이 페이스의 말에 어떤 반응을 보이는지 자기 모니터링을 할 수 있게 되었고 그런 반응을 통해 페이스를 바로잡아줄 수 있었다. 결국 두 사람은 룸메이트로 남았고 오늘날까지 좋은 친구로 지낸다.

로레타처럼 대다수의 사람들은 누군가 자신을 비판하거나 자신이 가치 있게 생각하는 것을 비판할 때 감정을 조절하지 못한다. 이런 상황에 처하면 아마 사람들은 로레타와 비슷한 반응을 보일 것이다. 다시 말해 그 사람이나 그 상황을 피하려고 할 것이다. 좀더 공격적인 사람들은 즉시 반격을 하거나 말싸움을 하려고 들지 모른다. 그러나 그런 반응들은 효과가 없다. 감정에 휘둘려 상대방의 말을 제대로 듣지 못하면 서로를 오해하게 되고 나아가 관계까지 망쳐버린다. 감정에 휘둘리지 않고 감정을 조절할 수 있게 도와줄 몇 가지 조언을 들어보자.

- 어떤 사람들, 어떤 주제가 감정을 유발하는지 인식한다.
- 어떤 말이나 생각에 감정적으로 반응하는 이유를 분석해본다.
- 스스로를 방어하려는 유혹에 저항한다.
- 상대방의 입장이 되어보고 자신이 상대방의 말을 오해하고 있을지도 모른다는 사실을 기억하라.
- 화자가 말을 끝낼 때까지 판단을 유보하라.

관심을 보여주라

다른 사람의 말에 귀를 기울여주는 것만큼 큰 선물은 없다. 레베카는 응석받이로 자라났다. 세 번째 생일날 그녀의 부모는 딸에게 조랑말을 사주었고, 그 후 해마다 값비싼 선물을 사주었다. 열 살 때는 다이아몬드 귀걸이, 열네 살 때는 스키 보트, 열일곱 살 때는 코벳 자동차, 그리고 대학에 들어갔을 때는 아파트. 많은 남자들이 아름답고 부유한 그녀에게 접근했다. 그들은 아무리 잘 보이려고 애를 써도 눈 하나 까딱하지 않는 그녀의 도도함에 안달했다. 그러다 그녀는 케빈을 만났다.

다른 남자들과 달리 그는 값비싼 선물을 사주지도 않았고 스포츠 활동, 투자, 진로 등에 대해 허풍을 떨지도 않았다. 그는 단지 레베카에게 질문을 하고 그녀의 대답을 경청했다. 그렇게 진지한 관심을 보여주자 그녀는 더 이상 스스로를 방어하지 않고 진실한 감정을 드러내기 시작했다. 케빈은 그녀에 대해 차츰 알아갔다. 부모로부터 물질적인 선물들을 잔뜩 받으며 자라난 레베카가 진정으로 원하는 것은 자신의 말에 귀를 기울여줄 사람이었다. 그것이 벌써 5년 전의 일이다. 지금 레베카와 케빈은 세 살짜리 딸이 버릇없는 아이로 자라지 않도록 열심히 노력하고 있다.

모든 시도가 실패했을 때에는 귀를 기울여라! 케빈은 레베카를 만나기 전에 이미 그런 교훈을 터득했다. 그리고 레베카와 사귈 때 그 교훈이 도움이 되었다. 130쌍의 부부를 연구한 결과, 결혼생활을 오래 지속하는 비결은 남편이 아내의 말에 귀를 기울여주고 그 의견을 존중해주는 것이었다.

시간이 지난 후에도 기억한다

관계를 돈독하게 하는 또 다른 방법은 상대방에게 지속적인 관심을 보여주는 것이다. 상대방이 예전에 했던 말을 기억해준다면 그는 당신이 자신을 중요하게 생각한다고 느낄 것이다. 세일즈맨들이 특히 이런 기술을 잘 활용한다. 그들은 고객 파일을 작성해두었다가 다음에 그 고객과 통화를 할 때 활용한다. 성공한 세일즈맨들은 오랜 경험을 통해 주의 깊게 듣는 데 마음을 쏟는 것이 고객과의 유대를 강화한다는 사실을 알고 있다. 금실 좋은 부부들도 마찬가지다.

코디는 이제 한 시절이 지나갔다는 생각이 들었다. 25년 동안 그들 부부는 친구들의 이혼을 수없이 지켜보며 온갖 고난을 함께 이겨냈다. 은혼식 파티에서 오랫동안 결혼 관계를 지속할 수 있었던 비결을 묻자 코디 부부는 이렇게 대답했다. "지금도 우리는 서로에게 귀를 기울여줄 만큼 사랑합니다."

누군가를 처음 사귈 때는 상대방의 말에 귀를 기울이는 것이 그리 어렵지 않게 느껴질 것이다. 서로에 대해 알아가는 짜릿함이 있고 새로운 관계에 대한 흥분이 있기 때문이다. 그러나 편한 관계가 되면 예전만큼 귀를 기울이지 않게 된다. 힘들고 지겹고 슬플 때도 상대방의 말에 귀를 기울이기는 힘들다. 그러나 언제든 상대방의 말에 귀를 기울여야 한다는 사실을 기억한다면 더 쉽게 사랑을 쟁취하고, 더 오래 사랑을 지속시킬 수 있을 것이다.

이름을 기억하라

상대방에게 관심을 보여주고 싶다면 그의 이름을 기억했다가 불러주라.

건설회사 사장인 데이비드는 건설업자로 크게 성공했지만 시민단체의 리더로도 훌륭하게 일을 수행했다. 특히 그는 기부금을 걷는 데 놀라운 재능을 보였다. 그의 성공 비결은 처음 만나는 사람조차도 '이 사람이 정말 나를 좋아하고 나에게 관심이 있구나.' 하는 생각이 들도록 만드는 데 있었다. 데이비드는 훈련을 통해 한 번 들은 이름을 잊어버리지 않고 기억했다가 다음에 만날 때 이름을 불러줌으로써 상대방에게 깊은 감동을 주었다. 이때 사람들은 데이비드가 자신을 정말 중요하게 생각한다고 느끼게 된다. 이렇게 사람들의 이름을 기억해두었다가 적절히 사용하는 데이비드의 특별한 노력 덕분에 사람들과의 관계가 돈독해지고 그에 따라 기금도 쌓여갔다.

이름을 쉽게 기억할 수 있는 몇 가지 방법을 소개하면 이런 것들이다.

- 상대방의 이름을 듣자마자 반복해본다.
- 상대방의 이름을 듣고 나서 30초 내에 불러본다.
- 이름을 익숙한 사물이나 사람과 연관 지어 기억한다.
- 명함을 받아두었다가 나중에 복습한다.
- 이름을 듣고 나서 되도록이면 빨리 적어본다.

효과적으로 시선을 마주친다

감정은 눈을 통해 드러난다고 한다. 관계를 맺을 때 시선을 마주치는 것은 중요한 요소로 작용한다. 시선을 마주침으로써 상대방의 피드백을 관찰하고 분석하고 언제 대화에 끼어들어도 되는지를 알 수 있다. 또한 시선을 마주침으로써 상대방에게 관심을 보여주고 자신의 감정을 드러내게 된다. 그러나 무조건 시선을 길게 마주치는 것이 능사는 아니다.

스탠리는 사람을 사귀고 설득하기 위해서는 시선을 마주치는 것이 중요하다는 이야기를 들었다. 그는 그 말을 마음에 새기고 대화를 할 때마다 상대방과 무조건 시선을 마주치려고 노력했다. 그러나 그가 너무 오랫동안 시선을 잡아두려고 하자 사람들은 불편해하는 기색이 역력했다. 처음부터 끝까지 상대방을 응시한 경우에는 다음 약속을 잡기조차 어려웠다.

스탠리는 쓰라린 경험을 통해 아무리 좋은 것—그의 경우에는 상대와 시선을 마주치는 것—도 지나치면 해가 된다는 것을 깨달았다. 연구에 따르면 지속적으로 시선을 마주치는 것이 상대방에게 반드시 위압감을 주는 것은 아니라고 한다. 그러나 그렇게 시선을 마주칠 경우 상대방은 뭔가 반응을 해야 한다는 부담감을 느끼고, 어떤 반응도 할 수 없을 경우에는 긴장이 일면서 그 상황을 피하고자 한다는 것이다. 따라서 대화를 나눌 때는 일관성 있게 시선을 마주치되 끊임없이 시선을 마주쳐서는 안 된다.

상대방의 말에 귀를 기울일 때는 적당히 시선을 마주쳐 흥미와 관심을 표현해야 한다. 너무 뚫어져라 쳐다봄으로써 상대방을 불편하게 해서는 안 된다.

상대방이 쉽게 말할 수 있게 하라

대다수의 사람들은 상대방의 말에 끼어드는 등 상대방이 말하는 것을 방해한다. 트래킹(tracking)이라는 용어는 상대방이 계속 말하도록 독려하는 기술을 지칭한다. 트래킹은 상대방이 '궤도에서 벗어나지 않고' 말하도록 돕는 것이다. 여기에는 머리를 끄덕여 격려해주거나, 시선을 마주치거나, 상대방의 말에 끼어들지 않겠다는 확신을 주는 것이 포함된다. 정보를 얻고 싶다면, 상대방의 생각이나 느낌을 알고 싶다면 트래킹이 도움이 될 것이다.

캐시는 코네티컷 주에 있는 한 연구기관에 근무하는 임상 연구자다. 그녀의 직속상관인 대니얼은 업무 평가를 위해 그녀를 자신의 방으로 불러들였다. 대니얼은 먼저 그녀에게 목표에 비추어 지난 6개월간의 실적을 평가해보도록 요구했다. 그녀가 자기평가를 하는 동안 몇 번의 길고 어색한 침묵이 있었다. 대니얼은 긍정적으로 고개를 끄덕이고 호의적으로 시선을 마주침으로써 그녀가 자기평가를 계속하도록 기다렸다. 캐시는 잠시 후에 긴장을 풀고 자신이 목표를 달성하지 못했다고 생각하는 분야에 초점을 맞추어 이야기하기 시작했다.

대니얼이 '트래킹' 기술을 효과적으로 사용한 덕분에 캐시는 자신에게 무엇이 부족한지 확인할 수 있었고 더 나아가 업무 평가도 유용하게 활용할 수 있었다. 캐시가 침묵할 때 대니얼은 자신이 대화를 이끌고 싶다는 유혹을 느꼈지만 그는 그런 유혹을 잘 넘겼다.

대화를 유창하게 이끌지 못하는 사람의 말을 듣다 보면 당장 상대방의 말에 끼어들고 싶은 유혹을 느끼기 쉽다. 상대방이 요점을 말하지 못하고 더듬거리는 것을 지켜보면 답답하기 짝이 없겠지만 커뮤니케이션을 원활하게 하고 관계를 더욱 돈독하게 하기 위해서는 인내심을 가져야 한다.

트래킹을 사용할 때는 다음 몇 가지 사항을 기억하라.

- 남의 말에 끼어들지 마라.

- 참을성을 가져라.

- 객관성을 유지하라.

- 머리를 끄덕이거나 시선을 마주침으로써 격려하라.

- 말로 격려하라(예를 들면, "계속 해." "그래서 어떻게 됐어?" 등).

옮긴이 **윤정숙**

고려대학교에서 영어영문학과를 졸업하고 잡지사 기자를 거쳐 출판사 편집자로 오랫동안 일했다.
현재는 전문번역가로 활동하고 있다.

마음을 사로잡는
경청의 힘

초판 1쇄 발행 2026년 3월 10일

지은이 래리 바커, 키티 왓슨
옮긴이 윤정숙
펴낸이 명혜정
펴낸곳 도서출판 이아소

등록번호 제311-2004-00014호
등록일자 2004년 4월 22일
주소 04002 서울 마포구 월드컵북로5나길 18 1012호
전화 (02)337-0446 팩스_ (02)337-0402

책값은 뒤표지에 있습니다.
ISBN 979-11-87113-82-9 03320

도서출판 이아소는 독자 여러분의 의견을 소중하게 생각합니다.
E-mail: iasobook@gmail.com